Ulrich Greiners
Leseverführer

Ulrich Greiners

Leseverführer

Eine Gebrauchsanweisung
zum Lesen schöner Literatur

C.H.Beck

3. Auflage 2005

© Verlag C.H. Beck oHG, München 2005
Umschlaggestaltung: roland angst+stefan vogt
Umschlagabbildung: © Jutta Klee/CORBIS
Gesetzt aus der New Baskerville im Verlag C.H.Beck
Druck und Bindung: Kösel, Krugzell-Altusried
Gedruckt auf säurefreiem, alterungsbeständigem Papier
(hergestellt aus chlorfrei gebleichtem Zellstoff)
Printed in Germany
ISBN 3 406 53644 1

www.beck.de

Für Franziska und Olivia

Inhalt

Zum Geleit

Lieber Leser,
ich kenne Sie als das unbekannte Wesen, das gerne liest.
Und ich vermute, dass Sie nicht wissen, weshalb. Es gibt
Menschen, die lieben es, spazieren zu gehen oder bergzu-
wandern, und wenn man sie fragt, warum sie spazieren
gehen oder bergwandern, dann wissen sie keine rechte
Antwort. Sie könnten zwar sagen: Ich liebe die frische
Luft oder die schöne Aussicht, aber sie ahnen, dass die
Antwort nicht ganz stimmt. Denn sie gehen auch bei
Wind und Regen, bei Nebel und Frost. Sie gehen, weil sie
gerne gehen. Und andere lesen, weil sie gerne lesen. Für
solche Leser habe ich dieses Buch geschrieben.

Wer viel liest, der wird bald merken, dass das Lesen
dem Wandern gleicht. Es gibt Augenblicke, da wird man
müde und fühlt sich enttäuscht, man steht vor einer
Wand und kommt nicht weiter. Auf einmal ist der Nebel
so dicht, dass man den Weg nicht mehr sieht. Ein Führer
wäre jetzt gut oder eine genaue Karte. Aufgeben aber,
nach Hause gehen, das wollen Sie auch nicht. Sie lassen
sich nicht so leicht beirren. Andererseits: Hier scheint es
wirklich nicht weiterzugehen.

Als Leser wissen Sie, dass manche Bücher wie ferne
Gipfel sind. Viel hat man von ihnen gehört. Manchmal
sieht man sie durch die Wolken leuchten. Aber man
kommt nicht hin, sie sind zu weit, zu hoch. Das stimmt,
und es stimmt auch nicht. Ausdauer kommt durch

Übung, und Übung bringt Erfahrung. Zuweilen muss man nur genauer hingucken, und schon zeigt sich der Ausweg. Nicht alles ist so hoch, wie es scheint. Auch sind die Erfahrungen, die andere Leser auf diesem Weg schon gemacht haben, zuweilen nützlich. Sie können Ihnen allerlei Tipps und Hinweise geben. Ob Sie ihnen folgen, ist Ihre Sache. Selbst gehen müssen Sie ohnehin. Aber Sie wollen ja gehen, möchten ja lesen.

Für Sie also habe ich dieses Buch geschrieben – nicht für den Kenner und nicht für den Profi, nicht für den Germanisten und nicht für den Bibliothekar, erst recht nicht für den Leser von Bedienungsanleitungen, Statistiken und Lehrbüchern. Dieser Leser weiß, was er sucht. Sie aber wollen nicht suchen, sondern finden. Sie gehen in einen Roman hinein wie in ein fremdes Land. Um Romane soll es im Folgenden hauptsächlich gehen, um erzählende Literatur und um die besten Wege dorthin. Den einen und einzigen Weg gibt es nicht, denn letztlich geht jeder Leser einen anderen. Aber wenn man für eine Lesewanderung schlecht vorbereitet ist, wird man nicht weit kommen. Dieses Buch soll Ihnen helfen, besser gerüstet zu sein. Es wird Ihnen von meiner Leseerfahrung berichten (und von der anderer Leser), damit Sie daraus Nutzen ziehen können.

Es war immer die Aufgabe von Forschungsreisenden, ihrer Mitwelt Bericht zu erstatten, damit andere den gefahrvollen Weg unter geringeren Gefahren nachgehen könnten. Nein, ich vergleiche mich nicht mit John Franklin, der die Nordwestpassage gesucht und dem Sten Nadolny in seinem Roman «Die Entdeckung der Langsamkeit» (1983) ein schönes Denkmal gesetzt hat. John Franklin und seine Mannschaft sind 1847/48 im Eis umgekommen, sie haben eine benutzbare Passage leider nicht gefunden. Lesen, zum Glück, ist weniger gefährlich. Aber gänzlich ohne Risiko ist es auch nicht. Es kann sein, dass Sie anders aus einem Buch herauskommen, als Sie hineingegangen sind. Das ist der Reiz der Sache.

Damit Sie keine falschen Erwartungen hegen: Dieses Buch enthält keinen Kanon der verbindlichen Texte. Es handelt sich auch nicht um eine Literaturgeschichte. An einer bunten Mischung von Beispielen will ich Ihnen zeigen, was Literatur ist, wie literarische Texte verfahren, was sie auszeichnet und was sie mit uns machen, wenn wir sie lesen. Das beginnt, zeitlich gesehen, bei Wolfram von Eschenbach und Laurence Sterne, es endet bei Günter Grass und Juli Zeh; und geografisch gesehen reicht es von Mario Vargas Llosa bis zu Iwan Gontscharow, von Virginia Woolf bis Italo Calvino und kehrt immer wieder zurück zur deutschen (deutschsprachigen) Literatur.

Liebe Leserin,
ich hoffe, Sie fühlen sich in meiner Anrede eingeschlossen. Ich hoffe, Sie gehören nicht zu jenen, die jeder Bezeichnung dieses seltsame «-in» angefügt sehen wollen, als ob das grammatische Geschlecht identisch wäre mit dem biologischen. Ich könnte natürlich immer LeserIn schreiben, wie es behördliche Regelungen vorsehen, aber das käme mir komisch vor. Sowieso ist klar, dass die meisten Romanleser Romanleserinnen sind, das kann jeder Buchhändler bestätigen. Wobei wiederum die meisten Buchhändler Buchhändlerinnen sind.

Erstes Kapitel
Über die Lust und das Laster des Lesens

Die Frage, warum wir lesen, ist weder leicht zu beantworten noch unerheblich. Die Antwort gibt nämlich Auskunft über das Wesen der Literatur. Sie gibt Hinweise darauf, weshalb der eine Romane schreibt und der andere sie liest. Beides ist ja nicht selbstverständlich und kann durchaus mühsam sein. Es versteht sich auch nicht von selbst, dass die so genannte schöne Literatur in unserer Welt ein so hohes Ansehen genießt, dass zum Beispiel die Frankfurter Buchmesse ein Ereignis ist, dem Bundeskanzler und Minister beiwohnen, und dass etwa die Vergabe des Literaturnobelpreises eine Nachricht ist, die selbstverständlich in der «Tagesschau» gemeldet wird. Auch scheint es erklärungsbedürftig, weshalb die Öffentlichkeit (jedenfalls in den meisten europäischen Ländern) dazu neigt, im Schriftsteller eine moralische Instanz zu sehen, deren Rat und Meinung in strittigen Fragen von Bedeutung sind.

Warum also lesen wir Romane? Um uns zu zerstreuen, zu unterhalten, zu amüsieren, wäre eine probate Antwort. Das glaube ich nicht. Wenn das unser einziges Ziel wäre, würden wir fernsehen oder ins Kino gehen oder, wenn wir gesellig sein sollten, ins Café, in eine Diskothek oder auf den Sportplatz. Gut, lautet eine andere Antwort, wir lesen, um etwas zu lernen, über andere Länder, andere Sitten, andere Zeiten. Auch das glaube ich nicht. Um an solche Informationen zu kommen, wäre es doch besser, Geschichtsbücher, Biografien und Reiseberichte zu lesen.

Romanen, das ist hinlänglich bekannt, kann man nicht trauen. Im Englischen gehören sie zur Abteilung *fiction*. Fiktion heißt: Jemand hat sich das ausgedacht. Ob es wahr und zutreffend ist, ob es mit der historischen Wirklichkeit übereinstimmt, das wissen wir zumeist nicht. Es kann sein, oder auch nicht. Was Herman Melville in seinem Roman «Moby-Dick» (1851) über die Technik und Ökonomie des Walfangs erzählt, ist verbürgt durch eigene Erfahrung und durch sein Studium walkundlicher Werke. Aber können wir aus Hölderlins «Hyperion» (1799) wirklich etwas über die Griechen und ihren Freiheitskampf erfahren? Wir lernen etwas über das Griechenlandbild der Deutschen, über Hölderlins Enthusiasmus für die Ideale der Französischen Revolution und seine Verzweiflung über die deutschen Zustände. Aber um diese Begriffe und Sachverhalte zu verstehen, müssen wir nicht «Hyperion» lesen, dafür genügt eine gute Literaturgeschichte.

Warum also? Meine Antwort lautet: Eskapismus. Darunter versteht das Lexikon die Flucht vor der Wirklichkeit in eine Scheinwelt. «Escape from Alcatraz» heißt ein berühmter Film von Don Siegel (1979). Clint Eastwood, der Held, ist auf der Gefängnisinsel Alcatraz eingesperrt. Sie besteht eigentlich nur aus einem gewaltigen Felsbrocken, der mitten in der Bucht von San Francisco liegt. Von hier zu fliehen, gilt als aussichtslos. Natürlich, sonst hätte der Film nichts zu erzählen, gelingt dem Helden die Flucht.

Es ist wohl so, dass wir den Alltag und die Wiederkehr des Gleichen gelegentlich, vielleicht auch sehr oft als ein Gefängnis empfinden, aus dem wir in das Reich der Vorstellungen, der Fantasien und der Tagträume entfliehen.

Die meisten Menschen tun das, ohne sich dessen immer bewusst zu sein. Ich behaupte nun, dass dieses Fluchtbedürfnis Hauptantrieb der Leseleidenschaft ist. Literatur zu schreiben und zu lesen ist eine hoch entwickelte Form des Eskapismus. Schauen wir uns das folgende, 1980 geschriebene Gedicht von Hans Magnus Enzensberger an:

Der Fliegende Robert
Eskapismus, ruft ihr mir zu,
vorwurfsvoll.
Was denn sonst, antworte ich,
bei diesem Sauwetter! –,
spanne den Regenschirm auf
und erhebe mich in die Lüfte.
Von euch aus gesehen,
werde ich immer kleiner und kleiner,
bis ich verschwunden bin.
Ich hinterlasse nichts weiter
als eine Legende,
mit der ihr Neidhammel,
wenn es draußen stürmt,
euern Kindern in den Ohren liegt,
damit sie euch nicht davonfliegen.

Im «Struwwelpeter», dem legendären Kinderbuch des Frankfurter Arztes Heinrich Hoffmann (1845), wagt sich der kleine Robert, allen Warnungen zum Trotz, bei Regen und Sturm hinaus ins Freie. Er trägt, was kleine Jungen eigentlich selten tun, einen Regenschirm. Der Sturm packt ihn, und der Junge verschwindet als der «Fliegende Robert» im Himmel. Darauf bezieht sich Enzensberger, und er dreht die Nutzanwendung des Lehrstücks in ihr

Gegenteil. Die Zurückgebliebenen sind nur «Neidhammel», und Robert wagt aus freien Stücken den Flug. Es ist der Flug ins Reich der Fantasie, und den Vorwurf des Eskapismus erheben nur diejenigen, die feige und einfallslos genug sind, um am heimischen Herd zu verharren.

Wer also das Gefühl haben sollte, Eskapismus sei etwas Verächtliches und Flucht eigentlich eine Schande, den belehrt Enzensbergers Gedicht, dass man es auch umgekehrt sehen kann. Diese Sichtweise hat den Vorzug, dass sie der literarischen Lektüre keinen vordergründigen Nutzen unterstellt. Der könnte allenfalls in einer Steigerung der Lese- und Sprachfähigkeit bestehen, und das wäre ja nicht wenig. Aber auch hier gilt, dass man diesen Effekt ebenso gut durch die Lektüre von Sachbüchern erreichen könnte. Worin der eigentliche Gewinn des Lesens von Romanen liegt, das werden wir im Verlauf dieses Buches noch sehen. Zunächst gilt die Wahrnehmung, dass man beim Lesen im Buch verschwindet wie der Fliegende Robert im Himmel.

Fängt nicht jedes Lesen so an? Wir fürchten uns mit Rotkäppchen vor dem bösen Wolf und freuen uns, wenn es Hänsel und Gretel gelingt, die Hexe zu verbrennen. Wir lauschen mit Heidi dem Glockenklang des Frankfurter Doms und bestehen mit Old Shatterhand die gefährlichsten Zweikämpfe. Wir springen mit der roten Zora die steilsten Klippen hinab und fliegen mit Nils Holgersson auf dem Rücken des Gänserichs in den schwedischen Frühling hinein. Schon in frühesten Jahren zeigt sich, wes Geistes Kind man ist, es zeigt sich das Ausmaß der Verführ- und Entführbarkeit. Man liest Karl May und Enid Blyton, «Jim Knopf» und «Harry Potter» und den «Herrn der Ringe» – und all die anderen furchtbaren und wunderbaren Schmöker. Und die Frage, ob das große Literatur sei, kümmert einen überhaupt nicht.

So fängt es an. Später aber, wenn man vielerlei gelesen hat, taucht die Frage von selbst auf. Sie beantwortet sich durch den Vergleich, den man gar nicht sucht. Es kann zum Beispiel passieren, dass man irgendwann zu viel Enid Blyton gelesen hat und auf einmal sieht, wie simpel ihre Geschichten gestrickt sind, so dass es leicht wäre, wenn man die Methode einmal begriffen hat, sie zu imitieren. Was ja in der Tat auch geschehen ist, denn viele Blyton-Romane stammen gar nicht von ihr selbst. Die Frage des Qualitätsunterschieds werden wir im Lauf unserer Betrachtung noch häufiger erörtern. Ich stelle mir das so ähnlich vor wie bei einem Wanderführer mit wachsendem Schwierigkeitsgrad. Als geübtem Wanderer wird es Ihnen am Ende nicht schwer fallen, jene Höhen zu erklimmen, wo die unglaublichste Aussicht herrscht.

Worin diese Aussicht bestehen könnte, ist vorher nicht zu bestimmen. Sie ist mit Sicherheit nicht für jeden Leser dieselbe. Im «Stimmenimitator» von Thomas Bernhard, einer Sammlung erfundener Anekdoten, erschienen 1978, findet sich unter dem Titel «Schöne Aussicht» die folgende Geschichte, die ich leicht gekürzt zitiere:

Auf dem Großglockner hatten, nach stundenlangem Aufstieg, zwei freundschaftlich miteinander verbundene Professoren der Universität Göttingen, die in Heiligenblut einquartiert gewesen waren, den Platz vor dem oberhalb des Gletschers montierten Fernrohr erreicht. Sie hatten sich naturgemäß der einzigartigen Schönheit dieses Hochgebirges nicht entziehen können und einer hatte immer wieder den Anderen zuerst durch das Fernrohr schauen und sich auf diese Weise den Vorwurf des Anderen ersparen wollen, er dränge sich an das Fernrohr. Schließlich hatten sich die beiden einigen können und der ältere und gebildetere hatte zuerst durch das Fernrohr geschaut und war von dem Gesehenen überwältigt gewesen. Als sein Kollege jedoch an das Fernrohr herangetreten war, hatte er, kaum daß er durch das Fernrohr geschaut hatte, einen gellenden Schrei ausgestoßen und war tödlich getroffen zu Boden gestürzt. Dem hinterbliebenen Freund des auf diese merkwürdige Weise Getöteten gibt es naturgemäß noch heute zu denken, was *tatsächlich* sein Kollege im Fernrohr gesehen hat, denn *dasselbe* bestimmt nicht.

Wir können diese Geschichte als eine Parabel über literarische Mentalitäten lesen. Wie reagiert der Literaturleser angesichts des Einzigartigen und Überwältigenden? Geht es darum, dass der eine Leser die Wahrheit erkennt und der andere nicht? Wichtig ist der letzte Satz der Anekdote: Die beiden, die durch das Fernrohr geschaut haben, haben bestimmt nicht dasselbe gesehen. Der eine war überwältigt, und er hat davon erzählen können. Was der andere gesehen hat, wissen wir nicht, aber es wird schrecklich gewesen sein. Der Blick in die Nachtseite unserer Existenz, der Anblick des Ungeheuerlichen kann einem die Sprache verschlagen, aber diesen Blick zu riskieren, ist die hervorragende Aufgabe der Literatur.

Nun müssen Sie, lieber Leser, nicht befürchten, es werde Ihnen am Ende ergehen wie jenem Göttinger Professor. Und noch befinden wir uns ja erst am Fuß des Vorgebirges, die Gipfel sind noch weit. Was ich meine, ist lediglich der Unterschied zwischen verschiedenen Lesetemperamenten und Wahrnehmungen. Und der Unter-

schied zwischen wirklichen Lesern und Zufälligkeits-
lesern. Es gibt wohl Menschen, die schon von Kindesbei-
nen an mit beiden im Leben stehen, Menschen, deren
Wünsche nie weiter gehen als ihre Tatkraft und deren
Fantasie an jenen Grenzen endet, die das Reich des Möglichen setzt. Ich gebe zu, dass ich diese Menschen ab und
zu beneide, denn ihre Tüchtigkeit, unbehindert durch
inneren Widerstand oder träumerische Erschlaffung, ist
unübersehbar. Es ist unwahrscheinlich, dass Sie zu diesem Menschenschlag gehören, sonst würden Sie dieses
Buch (und all die anderen) nicht lesen. Man sollte aber
die tüchtigen Menschen, die ein Lehrbuch jederzeit
einem Roman vorziehen, weder bewundern noch verach-
ten. Ohne sie hätten wir weder das Fahrrad noch den
Computer. Was wir allerdings ohne die anderen wären,
ohne die Dichter und Denker, die Visionäre und die Fan-
tasten, ist leicht zu sagen: Wir wären schrecklich ärmer.

Der wirkliche Leser, so verstehe ich Thomas Bernhards
Anekdote, ist erschütterbar. Er hat ein Sensorium für die
Möglichkeitswelt hinter dem Alltag und jenseits des bloß
Tatsächlichen. Wir müssen aber hinzufügen, dass dieses
Sensorium sehr oft aus einem Gefühl des Mangels entsteht. Wäre man mit allem einverstanden und rundum
glücklich, so gäbe es keinen Grund, ein Fliegender Robert
sein zu wollen. Anton Reiser, in dem gleichnamigen Buch
von Karl Philipp Moritz (1790), ist einer von denen, die
schon in jungen Jahren «Unordnung und frühes Leid» (so
der Titel einer Erzählung von Thomas Mann) erfahren
und in den Büchern nach Ausgleich suchen. Es heißt dort:

Durch das Lesen war ihm nun auf einmal eine neue Welt eröffnet, in deren Genuß er sich für alle das Unangenehme in

seiner wirklichen Welt einigermaßen entschädigen konnte. Wenn nun rund um ihn her nichts als Lärmen und Schelten und häusliche Zwietracht herrschte, oder er sich vergeblich nach einem Gespielen umsah, so eilte er hin zu seinem Buche. (...)

Am häufigsten las er, wenn er seinen jüngern Bruder wiegte, und wann es ihm damals an einem Buche fehlte, so war es, als wenn es ihm itzt an einem Freunde fehlt: denn das Buch mußte ihm Freund, und Tröster, und alles sein.

Im neunten Jahre las er alles, was Geschichte in der Bibel ist, vom Anfange bis zu Ende durch; und wenn einer von den Hauptpersonen, als Moses, Samuel, oder David, gestorben war, so konnte er sich Tage lang darüber betrüben, und es war ihm dabei zu Mute, als sei ihm ein Freund abgestorben, so lieb wurden ihm immer die Personen, die viel in der Welt getan, und sich einen Namen gemacht hatten.

Das ist Eskapismus der reinsten Art. Hier wird das Lesen zum Fluchthelfer, und diese Flucht führt nicht in ein ungefähres Nirgendwo, sondern es erschafft eine Wirklichkeit eigener Qualität, eine Gegenwirklichkeit, die dann eine größere Geltung haben kann als die eigentliche. Was aber wäre die eigentliche Wirklichkeit? Heinrich von Drendorf, der Held in Adalbert Stifters Roman «Der Nachsommer» (1857), besucht einmal mit seinen Eltern eine Aufführung von Shakespeares «Lear» im Wiener Burgtheater. Er fühlt sich zu Tränen gerührt und empfindet das, was scheinbar nur auf der Bühne geschieht, als «die wirklichste Wirklichkeit», als eine Wirklichkeit höherer Ordnung. «Der Nachsommer» ist der kühne Versuch, diese höhere Wirklichkeit mit der wirklichen Wirklichkeit zu versöhnen und in eine vollkommene Harmonie zu überführen, die alle widerstreitenden Kräfte und Leidenschaften besänftigt. Weil aber jedes Handeln unerwünschte Effekte haben kann und ein unkalkulierbares Gegenhandeln erzeugt, kann der Roman sein Ziel nur erreichen, indem er die Zeit stillstellt und eine Utopie des schönen Nichthandelns entwirft.

Wir werden auf dieses ungewöhnliche Buch am Ende zurückkommen. Es gehört wohl zu jenen Gipfeln, die man nur mit einer gewissen Ausdauer erreicht. Für den Augenblick will ich nur auf dies hinaus: Es gibt nie nur eine einzige Wirklichkeit. Wenn man es sonst nicht weiß – als Leser weiß man es. Neben der Welt der Zahlen und Fakten gibt es die Welt der Gedanken und Vorstellungen, die Welt der Träume und der Fantasien, die Welt des Glaubens und der Mythen. Das Eigentümliche, das Wunderbare an der Literatur liegt eben darin, dass in ihr alle diese Wirklichkeiten nebeneinander bestehen können, gleichzeitig und gleichberechtigt, und dass sie gegeneinander durchlässig sind.

Weil Sie, lieber Leser, wie die meisten Menschen einen Kopf und einen Bauch haben, weil Sie also die Tagseite des Möglichen und Plausiblen ebenso kennen wie die Nachtseite des Erahnten und Ersehnten, sind Sie gut dran: Denn die Literatur zeigt Ihnen, wie man damit umgeht und wie eindimensional sich der verhält, der nur eine einzige Wirklichkeit gelten lässt. Er ist, mit einem Wort, bedauernswert.

In dieser Hinsicht hat der Eskapismus sein Gutes. Er erlaubt ein stellvertretendes Handeln. Die Literatur bildet, weil sie eine andere Wirklichkeit darstellt, eine Art Wirklichkeitsersatz, und das ist doppeldeutig. Du liebst, wenn du die Liebe deines Helden erlebst, nicht selber, dir winken weder Glück noch Glanz, und das ist schade. Andererseits erleidest du die Schmerzen deines Helden, sein Scheitern und seinen Untergang ebenfalls nur in Gedanken, nicht in der Realität, und das ist schön. Der Schriftsteller und Literaturwissenschaftler Christian Enzensberger (Bruder des zitierten Hans Magnus) hat diesen Gedanken in seinem Buch «Literatur und Interesse» (1977) näher betrachtet und zugespitzt. Er wendet sich gegen den Glauben, in hochherziger moralischer Absicht geschriebene Romane, wie etwa die von Charles Dickens, der das soziale Elend seiner Zeit geißelte, könnten Nennenswertes dazu beitragen, die Welt zu verbessern.

Das stimmt – und es stimmt auch nicht. Es gibt viele Beispiele dafür, dass Romane ihrer Botschaft wegen massenhaft Verbreitung gefunden und dadurch die Wahrnehmung sozialer Probleme geschärft haben. Ich nenne nur Harriet Beecher-Stowe und ihren berühmten Roman über die Sklaverei «Onkel Toms Hütte» (1852); oder die großen sozialen Romane von Émile Zola und dem erwähnten Dickens; oder die äußerst unterschiedlichen, aber in beiden Fällen wirkungsmächtigen Darstellungen des Ersten Weltkriegs und seiner Gräuel in den «Stahlgewittern» Ernst Jüngers (1920) und in dem Roman «Im Westen nichts Neues» von Erich Maria Remarque (1929).

Und doch hat Christian Enzensberger insofern Recht, als derjenige, der liest, zunächst eben nicht handelt, und würde er die Welt wirklich verändern wollen, so würde er nicht lesen, jedenfalls keine Romane. Es kann also durchaus sein, dass manche Revolution nicht stattgefunden hat, weil zu viele Leser, lesend statt handelnd, von ihr geträumt haben. Und vielleicht muss man diesen Lesern sogar dankbar sein.

Das Ersatzhandeln hat aber eine weitere Seite. Hören wir noch einmal Anton Reiser zu, der inzwischen die Heldensagen und die Heiligenlegenden liest:

Die Altväter, so abgeschmackt und abenteuerlich oft ihre Geschichte sein mochte, waren für Anton die würdigsten Muster zur Nachahmung, und er kannte eine Zeitlang keinen höhern Wunsch, als seinem großen Namensgenossen, dem heiligen Antonius, ähnlich zu werden, und wie dieser Vater und Mutter zu verlassen und in eine Wüste zu fliehen, die er nicht weit vom Tore zu finden hoffte, und wohin er einmal wirklich eine Reise antrat, indem er sich über hundert Schritte weit von der Wohnung seiner Eltern entfernte, und vielleicht noch weiter gegangen wäre, wenn die Schmerzen an seinem Fuße ihn nicht genötiget hätten, wieder zurück zu kehren. Auch fing er wirklich zuweilen an, sich mit Nadeln zu pricken, und sonst zu peinigen, um dadurch den heiligen Altvätern einigermaßen ähnlich zu werden, da es ihm doch ohnedem an Schmerzen nicht fehlte. (...)
Von dem Hause, wo Antons Vater logierte, bis nach dem Gesundbrunnen und der Allee dabei, war ein ziemlich weiter Weg. Anton schleppte sich demohngeachtet mit seinem schmerzenden Fuße, das Buch unterm Arm, hinaus, und setzte sich auf eine Bank in der Allee, wo er im Lesen nach und nach seinen Schmerz vergaß, und bald nicht nur auf der Bank in P. sondern auf irgend einer Insel mit hohen Schlössern und Türmen, oder mitten im wilden Kriegsgetümmel sich befand.
Mit einer Art von wehmütiger Freude las er nun, wenn Helden fielen, es schmerzte ihn zwar, aber doch deuchte ihm, sie mußten fallen.
Dies mochte auch wohl einen großen Einfluß auf seine kin-

dischen Spiele haben. Ein Fleck voll hochgewachsener Nesseln oder Disteln waren ihm so viele feindliche Köpfe, unter denen er manchmal grausam wütete, und sie mit seinem Stabe einen nach dem andern herunter hieb.

Wenn er auf der Wiese ging, so machte er eine Scheidung, und ließ in seinen Gedanken zwei Heere gelber oder weißer Blumen gegeneinander anrücken. Den größten unter ihnen gab er Namen von seinen Helden, und eine benannte er auch wohl von sich selber. Dann stellte er eine Art von blinden Fatum vor, und mit zugemachten Augen hieb er mit seinem Stabe, wohin er traf.

Wenn er dann seine Augen wieder öffnete, so sah er die schreckliche Zerstörung, hier lag ein Held und dort einer auf den Boden hingestreckt, und oft erblickte er mit einer sonderbaren wehmütigen und doch angenehmen Empfindung sich selbst unter den Gefallenen.

Ich würde die psychohygienische Bedeutung des Lesens nicht allzu hoch einschätzen und schon gar nicht die Bedeutung der Literatur darauf beschränken. Aber Anton Reisers Erfahrung zeigt, dass das Lesen auch eine reinigende, befreiende Wirkung haben kann. Wer so hingegeben liest, der muss seine Kameraden nicht verprügeln. Er kann den Widerstreit, der ihn zu zerreißen droht, lesend verarbeiten und ordnen, indem er in Schicksalen, die er lesend erlebt, sein eigenes wiedererkennt.

Dieser humanisierenden Wirkung widerspricht eine Gefahr, die wir heute, da die Kultur des Lesens als bedroht erscheint, für gering halten, die Gefahr nämlich, dass aus der Leselust ein Laster wird. Es mag Ihnen komisch vorkommen, aber es gab Zeiten, da man das Romanlesen für ähnlich verblödend und gefährlich hielt wie heute das Fernsehen. Auch Karl Philipp Moritz, dessen Buch eine Autobiografie in Romanform ist, sieht die Leseleidenschaft seines Helden durchaus kritisch, wenn er schreibt: «So ward er schon früh aus der natürlichen Kinderwelt in eine unnatürliche idealistische Welt verdrängt, wo sein Geist für tausend Freuden des Lebens verstimmt wurde, die andre mit voller Seele genießen können.» Und Antons Vater ist ohnedies der Meinung, das Lesen von Romanen schwäche die Moral und führe ab vom rechten Weg. Weswegen er nur bestimmte Bücher erlaubt, die Bibel und die Sagen der Antike etwa, daneben auch einige sehr merkwürdige religiöse Schriften. «Sein Vater war ein abgesagter Feind von allen Romanen und drohete ein solches Buch sogleich mit Feuer zu verbrennen, wenn er es in seinem Hause fände.»

Sie sehen, lieber Leser, dass Sie mit Ihrem Eskapismus in bester Gesellschaft sind. Das Beispiel zeigt übrigens auch, dass die Literatur selbst immer wieder das eskapistische Lesen von Literatur zum Thema gemacht hat. Nehmen wir nur die berühmte Madame Bovary, die sich in dem gleichnamigen Roman von Gustave Flaubert (1856) unter anderem dadurch ins Unglück stürzt, dass sie pausenlos romantische Schmachtfetzen liest und so ernst nimmt, dass sie sich in zwei ziemlich beliebige Männer verliebt, was überhaupt nicht gut endet. Sie gilt als launisch und anfällig für allerlei nervöse Krankheiten, und das führt die verhasste Schwiegermutter zu dem Verdacht, Schuld daran habe das viele Romanlesen:

Es wurde also beschlossen, Emma am Romanlesen zu hindern. Das Vorhaben schien nicht ganz einfach. Die gute Frau wollte sich darum kümmern: wenn sie durch Rouen käme, würde sie selbst zu dem Besitzer der Leihbücherei gehen und ihn davon in Kenntnis setzen, dass Emma ihr Abonnement kündigte. Hätte man nicht das Recht, die Polizei zu rufen, wenn der Buchhändler sein Vergiftungswerk trotzdem weiterbetrieb?

Eskapistisches Lesen ist auch der Anlass für ein noch viel älteres Werk, für den nicht weniger berühmten «Don Quijote» von Miguel Cervantes (1605). Dieser «Ritter von der traurigen Gestalt» liest pausenlos Ritterromane und nimmt sie so ernst, dass er, in einer Zeit, da das Ritterwesen nur noch ferne Legende ist, eine Rüstung anlegt und gegen eingebildete Feinde kämpft, darunter gegen die Flügel von Windmühlen. Das kommt, weil er zu viele schlechte Romane gelesen hat. Im ersten Kapitel heißt es:

> Der gute Junker versank so tief in seine Lektüre, daß er die Nächte von Untergang bis Aufgang und die Tage von Aufgang bis Untergang damit zubrachte und sich endlich durch zu viel Lesen und zu wenig Schlaf das Gehirn so ausdörrte, daß er den Verstand verlor. Er füllte sich den Kopf mit allem an, was er in seinen Büchern fand, als da sind: Verzauberungen, Fehden, Schlachten, Herausforderungen, Wunden, Zärtlichkeiten, Liebeshändel, Seestürme und andere Tollheiten mehr; und so tief arbeitete er sich hinein, daß ihm endlich dieser Wust von Hirngespinsten, den er las, als die verbürgteste Geschichte von der Welt erschien.

Die zuletzt genannten Beispiele verfahren auf listige Weise doppeldeutig: Der Leser liest einen Roman, in dem das Romanlesen als Krankheit beschrieben wird. Unausgesprochen wird damit behauptet, die Lektüre der jeweils anderen Romane führe ins Verderben, die des vorliegenden hingegen ins Licht der Vernunft. Das mag ja so sein, aber es enthüllt zugleich eine häufig anzutreffende Eigenart künstlerischen Schaffens: Der Schriftsteller weiß, dass er sich in jenem Kosmos der Literatur bewegt, wo jeder neu Hinzukommende zunächst auf den Schultern der Vorgänger sein Unterfangen beginnt. Eben deshalb neigt er zu einer starken, nicht selten selbstironischen Pose, die dem Leser klar machen soll, hier begegne er etwas vollständig Neuem und Anderem.

Mit welchem vorläufigen Fazit soll ich dieses erste Kapitel beschließen? Vielleicht so: Eskapismus ist gut, Kontrolle ist besser.

Erste Pause
Wie viel muss man gelesen haben?

Sie glauben vielleicht, ich sei unglaublich belesen. Aber je mehr ich lese, umso mehr sehe ich die vielen Bücher, die ich noch nicht gelesen habe und wahrscheinlich nie lesen werde. Jeder Gang in eine Buchhandlung, jeder Besuch in einer Bibliothek zeigt mir den unermesslichen Reichtum des Geschriebenen. Er is wahrhaftig ein Irrgarten, und ich bewundere jeden, der sich darin zurechtfindet. Es gibt Literaturkenner, die alles, was sie einmal gelesen haben, im Kopf behalten. Sie können sich an die Geschichte erinnern und an die Namen der Personen, sie wissen das Geburtsjahr des Autors und das Erscheinungsjahr des Buchs. Derlei vergesse ich ziemlich häufig.

Rolf Vollmann zum Beispiel, der in Tübingen lebende Privatgelehrte, ist unter allen Lebenden einer der Belesensten, und sein berühmter «Roman-Verführer», unter dem Titel «Die wunderbaren Falschmünzer» 1997 erschienen, ist ein Wunderwerk literarischer Kenntnis und Leidenschaft. Auf rund tausend Seiten erzählt er von rund tausend Romanen der Jahre 1800 bis 1930, und man kann sicher sein, dass er noch weit mehr Bücher kennt (und sich an sie erinnert) als nur die wenigen, die er hier behandelt. Schön, wie Vollmann erzählen kann, selbstvergessen und haltlos, so dass man Lust kriegt, selbst zu lesen, wovon er schwärmt.

Ein anderer dieser von mir bewunderten Großmeister literarischer Kenntnis ist der Argentinier Alberto Manguel, dessen «Geschichte des Lesens» (1998) von einer unerschöpflichen Begeisterung für die Welt der Bücher und von einem stupenden Gedächtnis zeugt. Aus diesem Buch, einer großen Erzählung, habe ich zum Beispiel gelernt, dass man einst mehr oder weniger laut zu lesen pflegte und dass das stumme Für-sich-Lesen erst später üblich wurde. Manguel erzählt, wie er durch Zufall die Bekanntschaft des großen argentinischen Schriftstellers Jorge Luis Borges machte. Der Blinde bat den jungen Mann, ihm vorzulesen, und dieses von Borges angeleitete Vorlesen wurde für Manguel eine magische Initiation.

Es gab eine Zeit, da ich die Romane Dostojewskis verschlang, die «Brüder Karamasow» oder «Schuld und Sühne». «Der Idiot» hat mich so erschüttert, dass ich ihn zunächst nicht zu Ende lesen mochte. Und doch wäre ich jetzt nicht imstande, die Geschichten dieser Bücher nachzuerzählen, und die komplizierten russischen Namen wüsste ich, mit Ausnahme der Hauptpersonen, schon gar nicht zu nennen. Ich tröste mich damit, dass es dafür Literaturgeschichten gibt beziehungsweise Kindlers Literatur Lexikon oder das von Walter Killy.

Es ist wohl so, dass ich, wenn mich ein Buch wirklich beschäftigt, darin versinke wie in einer anderen Welt; und wenn ich daraus wieder auftauche und in den Alltag zurückkehre, verschwinden die näheren Daten wie bei einem Traum. Woran ich mich erinnere, sind Stimmungen und Räume, Szenen und Situationen, es ist der Klang, die Melodie der Sprache, die Architektur der Geschichte. Und oft sind solche Erinnerungen gebunden an bestimmte Lebenssituationen, an biografische Stationen. Ich erinnere mich zum Beispiel daran, dass ich Heimito von Doderers «Dämonen» bei brütender Hitze in Kreta gelesen habe, aber ich könnte nur in vagen Sätzen die Handlung wiedergeben.

Ich weiß nicht, zu welchem Typus von Leser Sie gehören. Vielleicht fällt es Ihnen schwer, Romane nur deshalb zu lesen, weil man sie kennen sollte. Ich glaube aber, dass es, anders als bei einem Lehrbuch der Physik, wo ein Schritt aus dem nächsten folgt, in der Literatur keinen wirklich stringenten Lehr- und Leseplan geben kann. Die schiere Menge des Gelesenen bedeutet wenig, und wahrscheinlich ist jeder wahre Leser auch ein wilder Leser, der den markierten Wanderweg gerne verlässt, um auf eigene Faust das Gelände zu erkunden. Lesen Sie also, was Sie mögen, und lassen Sie sich von den Viellesern nicht verschrecken. Es wird immer Menschen geben, die mehr gelesen haben als man selbst, und immer mehr Bücher, als man je lesen kann. Eigentlich ist das auch ein Glück.

Zweites Kapitel
Über das Verhältnis von Dichtung und Wahrheit

Wovon handelt dieser Roman? Das ist die erste Frage, die einen interessiert, wenn man von einem Buch hört. Stephen Kings Roman «Das Mädchen» (2000) handelt von einer Frau und ihren beiden Kindern, die eine Wanderung irgendwo in den endlosen Wäldern von Maine (USA) unternehmen. Mutter und Sohn geraten in einen zähen Familienstreit, und die neunjährige Trisha, die den Streit kennt und hasst, lässt sich etwas zurückfallen und schlägt sich, weil sie ein dringendes Bedürfnis verspürt, seitwärts in die Büsche. Als sie fertig ist und wieder zurück auf den Weg will, findet sie ihn nicht mehr. Mutter und Bruder hören ihre Rufe nicht. Und nun beginnt eine sehr einfache und atemberaubende Geschichte. Trisha verläuft sich hoffnungslos in der Wildnis, sie ernährt sich von Beeren, Kräutern und rohen Fischen, sie schläft im Gestrüpp und unter Bäumen, sie hat große Angst, fürchtet sich vor wilden Tieren (die es hier gibt), wird von Fliegen überfallen, bekommt Fieber, halluziniert, und wenn sie nicht sehr stark und tapfer wäre, ihr kleines Radio hätte (dessen Batterie bald leer ist), nicht die Erinnerung an ihren Vater (von dem die Mutter geschieden ist) und nicht die Schwärmerei für einen berühmten Baseball-spieler – sie hätte die neun Tage nicht überlebt.

So etwa könnte man diesen Roman wiedergeben, und wenn man noch ein paar Details hinzufügte, auf die wirklich gekonnte Psychologie und Spannungsdramaturgie von Stephen King zu sprechen käme, so hätte man eigentlich alles Wichtige über dieses Buch gesagt. Und ähnlich verhält es sich mit vielen Büchern, die man vor allem in jungen Jahren gelesen hat, Abenteuergeschichten, Liebesgeschichten, Kriminalgeschichten, bei denen es nur oder hauptsächlich auf die Handlung, den Stoff und die Personen ankommt. Das klingt banal und ist es auch, aber es gibt ein paar zusätzliche Gedanken, die zeigen können, dass die Sache ein paar hübsche Haken hat.

Nehmen wir ein anderes Beispiel: Sie erzählen einem Freund von dem Buch, das Sie gerade lesen, von jenem alten Professor an der amerikanischen Ostküste, der sich in eine junge, hübsche Putzfrau verliebt und dank Viagra mit ihr ein spätes sexuelles Glück erfährt; den aber am Ende seine Lebenslüge, dass er nämlich ein Schwarzer ist und dies immer verborgen hat (er sieht aus wie ein Weißer, wie ein Jude), auf bitterste Weise einholt. Sie fügen noch hinzu, dass «Der menschliche Makel» von Philip Roth (2002) außerordentlich gut geschrieben sei, und Sie erwähnen Robert Bentons Verfilmung des Romans mit Nicole Kidman und Anthony Hopkins in den Hauptrollen.

Und wenn Sie diese Geschichte (sie hat ein reiches Geflecht an Handlungen und Perspektiven) genauer ausbreiten, dann tun Sie so, als wäre sie wirklich geschehen – was sie in mancher Hinsicht auch ist. Aber Sie wissen, dass unter dem Titel das Wort «Roman» steht, dass Philip Roth sich die Geschichte also ausgedacht hat. Den alten Mann und das junge Mädchen gibt es ebenso wenig wie den Vietnam-Veteranen, der die beiden umbringen wird; oder die französische Universitäts-Kollegin, die den Rückzug des angesehenen Professors betreiben und erreichen wird. Natürlich, sonst wäre man von dem Buch nicht beeindruckt, enthält es, obwohl die Details erfunden sind, eine höhere Wahrheit. Es sagt sehr viel über die Macht, die gesellschaftliche Traditionen und Verabredungen über den Einzelnen haben, immer noch und immer wieder.

Interessant finde ich daran zwei Dinge: Dass wir erstens dazu neigen, den Aspekt des Erfundenen zu vergessen, und zweitens das Romankunstwerk auf seinen Inhalt reduzieren. Es fällt uns meistens schwer, Genaueres über die Sprache und die Architektur des Romans zu sagen. Darüber will ich in späteren Kapiteln etwas sagen. Jetzt aber will ich darauf hinaus, dass es falsch wäre, das Reden über den Stoff, den Inhalt als Anfängerfehler zu betrachten und nur noch über Formprinzipien zu reden. Die spielen zwar eine bedeutende Rolle (schließlich reden wir von Kunst), aber der Roman ist, verglichen mit anderen Kunstgattungen (etwa der Lyrik oder gar der Musik, aber auch der Malerei), die am meisten durch den Inhalt bestimmte Kunstform – und wenn ich «Roman» sage, dann meine ich das, was in der Poetik «Prosa» heißt und Erzählungen, Kurzgeschichten, Novellen, Märchen, Sagen und so weiter einschließt.

Der Roman ist also zunächst eine erzählte Geschichte, die Material der Wirklichkeit in mehr oder minder hohem Maß enthält und verarbeitet. Es ist zwar richtig, dass bedeutende Autoren immer wieder und mit interessantem Ergebnis versucht haben, den Ballast des Wirklichen abzuwerfen (auch darauf werden wir noch kommen), zugleich aber scheint es, dass der Roman, anders als das Gedicht etwa, ihn nie völlig loswird, dass er immer, wie Hans

Henny Jahnn einmal gesagt hat, vom «Schmutz der Wirklichkeit befleckt» ist.

Sie kennen vielleicht die berühmte Stelle aus dem Johannes-Evangelium, wo Jesus vor Pontius Pilatus steht und sich rechtfertigen soll. Jesus sagt: «Ich bin dazu geboren und in die Welt gekommen, dass ich die Wahrheit bezeugen soll. Wer aus der Wahrheit ist, der hört meine Stimme.» Und Pilatus fragt zurück: «Was ist Wahrheit?» Das ist übrigens die so genannte Pilatus-Frage, im Unterschied zur Gretchen-Frage, die aus Goethes «Faust» stammt, wo Margarete den sie umwerbenden, umschmeichelnden Faust fragt: «Wie hast du's mit der Religion?»

Wir können die Pilatus-Frage, ohne ihren Sinn wesentlich zu verändern, auch so stellen: Was ist Wirklichkeit? Wir sollten nicht versuchen, die Frage zu beantworten (daran sind schon Größere gescheitert), sondern nur den Blick auf eine ziemlich einfache Unterscheidung werfen: Ist die Geschichte, die jemand erzählt, erfunden, fiktiv, oder ist sie wirklich, nicht fiktiv? Im Alltag fragt man sich das häufig, zumeist automatisch, weil einiges von der Antwort abhängt.

Die Antwort macht auch den Unterschied aus zwischen einer Sage, die historische Vorgänge mit abergläubischen Wünschen und Ängsten vermischt, und dem Werk eines Historikers, der sich bemüht, die Vergangenheit möglichst objektiv zu erfassen, nämlich so, wie sie wirklich gewesen ist. Und wenn man sich jetzt klar macht, dass die Begriffe Wirklichkeit und Wahrheit voneinander abhängen, ohne dasselbe zu bedeuten, dann kommt man zu einem ziemlich verwirrenden Ergebnis: Es kann Geschichten geben, die nicht wirklich so passiert, aber gleichwohl wahr sind, weil sie nämlich eine Erkenntnis enthalten, die Geltung hat und uns überzeugt. Zugleich aber kann diese Erkenntnis keine Geltung haben, wenn sie nicht auch auf Wirklichem beruht. Damit hat man ein wesentliches Merkmal des Romans: Er ist keine reine Form, sondern eine Mischung, ein Gefäß für die unterschiedlichsten Dinge.

Das klingt sehr abstrakt, und deshalb will ich jetzt über einen der berühmtesten Romane überhaupt reden, über den «Robinson Crusoe» (1719) von Daniel Defoe, um an diesem Beispiel zu zeigen, wie aufregend das Wechselspiel von Wahrheit, Wirklichkeit und Erfindung sein kann. Der erste Absatz lautet:

Ich kam zu York im Jahr 1632 zur Welt und stammte von einer ehrenwerten, aber im Lande nicht eingeborenen Familie. Mein Vater, von Bremen gebürtig, wurde in der Folge Kaufmann zu Hull, wo er sich ein schönes Vermögen erwarb, nahm später seinen bleibenden Wohnsitz zu York und heiratete daselbst meine Mutter, welche der Familie Robinson, einer der besten in der Grafschaft, angehörte. Daher mein Name Robinson Kreutznaer, nachher durch eine der in England üblichen Verketzerungen in den Namen Crusoe verändert, mit welchem die Meinigen und ich bis auf den heutigen Tag uns unterzeichnen. Meine Kameraden haben mich niemals anders genannt.

Ich zitiere aus der am meisten verbreiteten Übersetzung (Karl Erhard, 1837), die etwas altertümlich und umständlich klingt, und gebe hier die Originalfassung:

I was born in the Year 1632, in the City of York, of a good Family, tho' not of that Country, my Father being a Foreigner of Bremen, who settled first at *Hull*: He got a good Estate by Merchandise, and leaving off his Trade, lived afterward at *York*, from whence he had married my Mother, Relations were named *Robinson*, a very good Family at Country, and from whom I was called *Robinson Kreutznaer*; but by the usual Corruption of Words in England, we are now called, nay we call our Selves, and writer Name Crusoe, and so my Companions always call'd me.

Im Englischen spürt man deutlicher als in der Übersetzung, worauf es Defoe ankommt: Er will den Anschein eines wirklichkeitsgetreuen autobiografischen Berichts erzeugen. Jemand spricht, er stellt sich vor, beglaubigt seine Person durch die genaue Bezeichnung von Geburt, Herkunft und Familie und erzählt uns sein Leben – ein Leben, wie wir dann lesen, voll unerhörter, unglaublicher Begebenheiten. Aus dieser unbezweifelbaren Tatsächlichkeit soll, so das Ziel, die Überzeugungskraft des Textes, die Wahrheit seiner Botschaft hervorgehen.

Ich weiß nicht, ob die zeitgenössischen Leser das Spiel aus Fiktion und Wirklichkeit durchschaut haben – wahrscheinlich schon, aber wahrscheinlicher kommt mir vor, dass sie nicht sonderlich darauf geachtet haben, so wie vermutlich auch Sie nicht, wenn Sie den Roman gelesen haben, vielleicht in einer der vielen für die Jugend gekürzten Ausgaben. Sie haben, so nehme ich an, das Buch wahrgenommen wie den Bericht wirklicher Vorgänge. So auch wurde es damals, 1719, verstanden. Es erreichte sofort mehrere Auflagen, es riss die Leser in Massen hin, und in seinem Sog, der auf den Kontinent übergriff, entstanden Dutzende von Umarbeitungen, Nachahmungen und Weiterdichtungen. Raubdrucker, gegen die Defoe erbittert kämpfte, bemächtigten sich des Romans und kürzten ihn um die erbaulichen und belehrenden Passagen. Auf die aber kam es Defoe gerade an. Er hielt nichts von einer sentimentalen Verklärung weltflüchtigen Inseldaseins. Sein Robinson ist der Bürger als Selfmademan, der unter schwierigsten Bedingungen ordentlich hauszuhalten weiß und dessen Hauptsorge es ist, einen Kalender zu führen, um die Sonntage nicht zu vergessen.

Einer der Gründe, weshalb man den Roman verschlang, war, dass die bizarre Geschichte auf tatsächlichen Vorkommnissen beruhte. Im Jahr 1704 hatte sich der Matrose Alexander Selkirk auf der Insel Juan Fernandez, im Pazifischen Ozean auf der Höhe Chiles gelegen, aussetzen lassen und war erst nach vier Jahren und vier Monaten wieder aufgelesen worden – völlig abgerissen und kaum noch zu normalen Sätzen fähig. Der Fall wurde 1712 von dem Kapitän des rettenden Schiffes, von Woodes Rogers, publik gemacht, in seinem Bericht «A Cruising Voyage round the World». Kurz vorher hatte Edward Cooke, der bei der Rettung dabei gewesen war, von dem Vorfall berichtet, und ein Jahr später erzählte Sir Richard Steele (in «The Englishman») von seinen Begegnungen mit Selkirk und dessen Erlebnissen. Steele schreibt, Selkirk habe mit dem Kapitän des offenbar seeuntüchtigen, lecken Schiffs einen unversöhnlichen Streit gehabt und sei lieber auf die unbewohnte Insel gegangen als noch länger mit einem «Verrückten» unterwegs zu sein, ein Entschluss, den er offenbar sofort bereute, denn andere Berichte erzählen, Selkirk habe den Kameraden nachgerufen, sie sollten umkehren, aber sie hätten ihn nicht gehört oder hören wollen.

Es ist sehr wahrscheinlich, dass Defoe sich von dieser

Geschichte hat inspirieren lassen. Allerdings gab es damals noch einige andere Berichte über Schiffskatastrophen und gestrandete Seeleute, die Defoe sicherlich ebenso gekannt hat wie seine Leserschaft. Wie auch immer: Interessant sind die Ähnlichkeiten und Unterschiede zwischen Robinson und Selkirk. Wobei auffällt, dass Defoe die Verwandtschaft dadurch verschleiert, dass er seinem Helden das Geburtsjahr 1632 gibt, während Selkirk 1676 geboren wurde. Er könnte also dessen Großvater sein.

Richard Steele berichtet (gewissermaßen als treuhänderischer Erzähler Selkirks, der sich selbst nie schriftlich geäußert hat), dieser habe eine Seekiste gehabt, darin Kleider und Bettzeug, eine Flinte, Pulver und Kugeln, Messer und Feuerstein, ein Beil und ein Kessel, schließlich Navigationsinstrumente und geistiges Rüstzeug: die Bibel «and a few Pounds of Tobacco». Die Insel sei bloß von Ziegen und Schildkröten bewohnt gewesen, deren Fleisch ihm zur Nahrung gedient habe, allerdings auch von Ratten, derer sich zu erwehren ein großes Problem gewesen sei.

All diese Dinge kehren im «Robinson» wieder. Aber mehr noch fallen die Unterschiede auf. Defoe erzählt die Vorgeschichte Robinsons: Gegen den Rat seiner Eltern geht er zur See. Das Schiff wird von Piraten gekapert, und Robinson wird versklavt. Ihm gelingt die Flucht, und er wird von einem Schiff gerettet, das sich auf dem Weg nach Brasilien befindet. Dort wird er Plantagenbesitzer. Dann aber investiert er in den Sklavenhandel und schließt sich einer Fahrt nach Afrika an. Er erleidet Schiffbruch und landet als einziger Überlebender auf einer Insel in der Nähe des Orinoco (also weit weg von der Juan-Fernandez-

Insel). Es gelingt ihm unter großen Mühen (jetzt nähern wir uns wieder der wahrscheinlichen Vorlage), überlebenswichtige Güter aus dem Wrack auf die Insel zu schaffen, darunter auch die von Steele erwähnten. Er findet Unterkunft in einer Höhle, die er nach und nach zu einem befestigten Domizil ausbaut. Das gerettete Saatgut bringt er aus. Die Schildkröten und die Ziegen kennen Sie schon. Er führt einen Kalender, liest die Bibel und dankt Gott für seine Errettung. Zu seinem Entsetzen wird er eines Tages Zeuge, wie Kannibalen auf der Insel landen, Gefangene töten und verzehren. Einem der Gefangenen gelingt die Flucht, Robinson hilft ihm und nimmt ihn bei sich auf. Er nennt ihn Freitag, nach dem Tag, an dem er ihn fand. Er bringt ihm Englisch bei und bekehrt ihn zum Christentum.

Genug jetzt mit dem Vergleich der beiden Geschichten. Man sieht die entscheidenden Hinzufügungen Defoes. Sein «Robinson» verkörpert einerseits die Utopie des absoluten Neubeginns, andererseits ist Defoe pragmatisch genug, seinen Helden mit einer handlichen Notausrüstung zu versehen. Der Roman verkündet die Botschaft, dass du alles aus dir machen kannst, wenn du dich nur bemühst – und wenn man dich machen lässt. Du kannst zum Korbflechter und zum Töpfer werden, mit Hilfe deines Kopfes und der Kraft deiner Hände, und ebenso vermagst du auch die Schrift zu lesen, ohne den Beistand der «Pfaffen», wie Defoe sie nennt. Und von selbst wirst du darauf kommen, dass ein Gott die Ordnung der Dinge geschaffen hat.

Der «Robinson» führt also einen natürlichen Gottesbeweis vor. Defoe nimmt auf diese Weise Stellung in den Glaubenskriegen seiner Zeit und plädiert für Toleranz. Er war nämlich Presbyterianer, Angehöriger jener Religionsgemeinschaft, die von allen Ämtern und den Universitäten ausgeschlossen blieb. Er wurde Kaufmann, spekulierte in großem Stil, bis ihn ein Konkurs buchstäblich dazu zwang, das Weite zu suchen. Er war mit dem Schiffbruch bestens vertraut, und es kann gut sein, dass er, als er den «Robinson» im Alter von fast sechzig Jahren schrieb, mit einiger Bitternis auf seine missratene Karriere zurückblickte und sich einen Helden schuf, mit dem er auf einer fernen Insel von Neuem beginnen konnte, unter freieren Bedingungen.

Es sind die allmählich entstehenden bürgerlichen Tugenden, denen Defoe hier zum Ausdruck verhilft. England war, nach siegreichen Kriegen gegen Spanien und die Niederlande, zur ersten Seemacht erstarkt. Das Zeitalter des Handelskapitalismus erforderte genau das, was Defoe zu Beginn seines Romans und auch später immer wieder ausdrücklich verurteilt (wobei er zugleich diese Verurteilung durch seine Geschichte widerlegt): abenteuerlichen Wagemut und unternehmerisches Risiko. Beides fand in der Seefahrt sein extremes Betätigungsfeld. Gewinn und Ruin lagen hier so dicht beisammen, dass die herrschende Religion sich mühen musste, in all dem einen Gott wirken zu sehen. Robinson akzeptiert diese Perspektive, aber er ist auch jederzeit bereit, sein Schicksal in die Hand zu nehmen. Er hilft sich selbst, und also hilft ihm Gott. Deshalb liebten ihn alle, die seine Geschichte seither lasen.

Die ungeheure Wirkung aber, die das Buch erzielte, hängt eben mit jener Überblendung von Realem und Fiktivem zusammen, aus der eine für die Zeit geschriebene, aber die Zeiten überdauernde Wahrheit entsteht. Wenn man genau hinsieht, so erkennt man, dass der scheinbar authentische Text nicht nach den Weihen der Literatur schielt. Defoe erzählt gradlinig und robust, unbekümmert um Feinheiten. Widersprüche in der Erzählhaltung stören ihn nicht. Er zielt nicht auf jenes philosophisch und ästhetisch ausgefeilte Erzählen, das etwa eine Generation später Fielding und Sterne auszeichnet.

Aus dem «Robinson» spricht ein dokumentarischer, ganz unpsychologischer Realismus, geschrieben von einem, der kein Literat war. Defoe liebt zum Beispiel Tabellen, in denen er etwa die Anzahl der Waffen und Mannschaften angesichts eines bevorstehenden Kampfes auflistet – oder auch die Vor- und Nachteile der Situation Robinsons. Dabei fällt mir ein, dass auch ich, tagebuchschreibend, früher dazu geneigt habe, vor wichtigen Entscheidungen meines Lebens die Gründe dafür und dagegen tabellarisch aufzulisten, in der Hoffnung, aus dem Plus und Minus ergäbe sich ein Fingerzeig. Der sich natürlich nicht ergab, denn wir leben in einer anderen Zeit, einer von der Psychologie durchdrungenen. Für uns Heutige gilt eher die Erkenntnis, die man in Heimito von Doderers Roman «Die Strudlhofstiege» (1951) finden kann, dessen Helden unablässig bemüht sind, die Kompassnadel ihrer Neigungen ausfindig zu machen und abzulesen, mit dem Erfolg freilich, dass die Nadel, beeinflusst durch den, der sich darüber beugt, einer Missweisung unterliegt.

Defoe ist von solchen Innerlichkeiten noch unberührt, und er macht die tabellarischen Aufstellungen getreu seiner Devise, dass es immer etwas gibt, «was wir bei der Aufzählung von Gut und Böse auf die Habenseite setzen dürfen», ein Gedanke, der bis in die Wortwahl den Kauf-

mann verrät. Diese ungebrochene, unliterarische Erzählhaltung ist sicherlich einer der Gründe dafür, dass dem
«Robinson» des Daniel Defoe etwas gelungen ist, was nur
wenigen Romanen der Weltliteratur gelang: Eingang zu
finden in die Volkskultur, ins kollektive Bewusstsein. Die
Geschichte kennt jeder, ihren Autor kennen nur wenige.

Ich komme zurück zum Ausgangspunkt unserer Überlegungen, zum schönen und nicht selten verhexten
Wechselspiel von Wirklichkeit und Wahrheit. Was ist Literatur? Es hat sich eingebürgert, darunter jene Texte zu
verstehen, die eine eigene, erfundene (fiktive) Welt entwerfen und sie gegen die von uns allen erfahrene wirkliche Welt setzen. Auf dieser Unterscheidung beruht auch
der so genannte Kunstvorbehalt, den die Rechtsprechung
zu Gunsten des Kunstwerks in Anschlag bringt. Ein Zei-
tungsartikel zum Beispiel darf keine offenkundigen Un-
wahrheiten verbreiten, er muss sich auf überprüfbare Tat-
sachen, Äußerungen und Vorgänge stützen. Der Roman
hingegen darf mit allen Wahrheiten und Wirklichkeiten
spielen, er darf sie auf den Kopf stellen, konterkarieren,
was immer ihm beliebt. Seine Wahrheit ist nicht die der
zutreffenden Daten und Fakten, sondern die der litera-
risch-ästhetischen Glaubwürdigkeit.

Das scheint einfach, ist aber kompliziert. Abgesehen
davon, dass der Roman nicht die Persönlichkeitsrechte
konkreter, wiedererkennbarer Menschen verletzen darf
(hier hat es gerade in den vergangenen Jahren eine
Reihe Aufsehen erregender Urteile gegeben): Die Unterscheidung zwischen Fiktion und Wirklichkeit ist nicht immer leicht. Sie werden selbst schon bemerkt haben, dass
sich Traumbilder in die Alltagswelt mischen, so dass man
manchmal nicht weiß, ob das, was sich im Kopf bewegt,

auf Tatsächlichkeit oder auf Fantasie beruht. Für einen Richter gib es nichts Schwierigeres, als die objektive Wahrheit einander widersprechender Zeugenaussagen herauszufinden. Dieses Problem ist glücklicherweise nicht unser Thema, aber auch der Roman als unreine Mischung, als Zwitter aus Erdachtem und Wirklichem führt immer wieder zur Wahrheitsfrage zurück, und wenn man darunter die simple Frage versteht: «Was an der Geschichte, die dieser Roman erzählt, ist wirklich so gewesen?», dann wird man selten eine klare Antwort erhalten. Und wenn man denselben historischen Vorgang einmal in einem Roman dargestellt findet und ein andermal in einem historischen Werk, dann kann es passieren, dass man den Roman eindrucksvoller und in gewisser Weise wahrer findet, weil er eine Deutung, eine Botschaft vermittelt, mit der man sich auseinander zu setzen vermag.

Es kann aber auch passieren, dass man den ungeschönten Bericht eines unerhörten Ereignisses gerade deshalb besser findet, weil man in ihm den Geruch des Authentischen spürt. Ich will das an folgendem Beispiel erläutern. 1981 veröffentlichte der peruanische Schriftsteller Mario Vargas Llosa den Roman «La guerra del fin del mundo» (Der Krieg am Ende der Welt). Ich zitiere aus dem Klappentext des Suhrkamp-Taschenbuchs (1987): «Brasilien, Ende des 19. Jahrhunderts. Die Monarchie ist abgeschafft, die junge Republik versucht, sich zu konsolidieren. Ein Wanderprediger, Ratgeber genannt, zieht durch die von Hungersnöten geplagten Gegenden und verkündet das Ende der Welt. Eine Schar von Ausgestoßenen sammelt sich um ihn, fest entschlossen, den wahren Glauben gegen den Antichristen zu verteidigen. Dieser

Antichrist ist die Republik. Sie gründen in Canudos die ‹Gesellschaft der Ärmsten›, ein ‹neues Jerusalem›. (...) Die gesamten brasilianischen Streitkräfte werden aufgeboten, um die Anhänger des Ratgebers zu vernichten.»

Vargas Llosa widmet seinen Roman einem gewissen Euclides da Cunha. Der Ingenieur und Freizeitjournalist wurde 1897 von der Zeitung «Estado de São Paulo» als Berichterstatter in den Krieg geschickt, den die Armee gegen die Aufständischen in Canudos führte. Dort, mitten im zerklüfteten Dürregebiet des Sertão, hatte der Wanderprediger Antonio Conselheiro (der Ratgeber) eine Stadt der Gläubigen gegründet, die nach eigenen Gesetzen lebte und staatliche Vorschriften missachtete. Es kam zu mehreren Feldzügen, bei denen die republikanischen Truppen erbärmliche Niederlagen erlitten, bis schließlich eine mit Kanonen bewaffnete Armee von zwölftausend Mann die Stadt einnahm und dem Erdboden gleichmachte. Dabei kamen 1100 Soldaten um, und von den 20 000 bis 30 000 Einwohnern der Ansiedlung, die nur aus notdürftigen Hütten und einer allerdings mächtigen Kirche bestand, überlebten nur wenige.

Euclides da Cunha, den das Massaker bis ins Innerste aufgewühlt hatte, denn er war ein Patriot und erblickte im Vorgehen der Regierung ein entsetzliches Unrecht, veröffentlichte 1902 sein Buch «Os Sertoes», in dem er die Geschichte des Konflikts erklärte, die Landschaft und ihr mörderisches Klima beschrieb, die Armut und Unwissenheit ihrer Bewohner, die Herkunft und die Ziele des Antonio Conselheiro und schließlich den Verlauf des Krieges. Das Buch wurde sofort ein riesiger Erfolg, es verursachte eine bis heute anhaltende Debatte über die «zwei Brasilien» (das Brasilien der Reichen und das Brasilien der Armen), und es wurde zu einer Bibel der brasilianischen Demokraten.

Warum erzähle ich das? Aus zwei Gründen. Erstens ist der Bericht von Euclides da Cunha ein atemberaubendes Werk, das ganz langsam beginnt, als herrsche eine drückende Schwüle, die sich, von einem fernen Wetterleuchten begleitet, in eine Art Weltuntergang hineinsteigert. Das Buch, dessen Lektüre ich sehr empfehle, ist 1994 im Suhrkamp Verlag unter dem Titel «Krieg im Sertão» erschienen, hervorragend übersetzt und kommentiert von Berthold Zilly. Aus seinem Nachwort stammen die oben genannten Informationen.

Zweitens aber beleuchtet der Vergleich der beiden Bücher unsere Frage nach dem Verhältnis von Dichtung und Wahrheit. Vargas Llosa stützt sich in allen wichtigen Fakten auf das Buch von Euclides da Cunha. Sein Buch ist ein Roman, das heißt, er gestaltet Menschen und ihre Beziehungen zueinander (hier des Predigers und seiner Anhänger, des Kriegsberichterstatters sowie des Generals und einiger anderer), er erzählt ihre Geschichte, ihre Empfindungen, schildert ihre Gespräche und Begegnungen: Kurz, er verhält sich wie der klassische Erzähler, der über den erzählten Kosmos herrscht wie ein Gott und eine neue Welt erschafft, in die wir uns willig hineinbegeben. Vargas Llosa, ähnlich berühmt wie sein Kollege und Konkurrent Gabriel García Márquez, ist ein großer Könner, und Sie werden, wenn Sie seinen Roman lesen, schnell sehen, mit welcher Kraft und Suggestion er die ungeheuerliche Geschichte vom Krieg im Sertão, vom Krieg am Ende der Welt erzählt.

Euclides da Cunha hingegen, da er ja keinen Roman schreibt, sondern, heute würde man sagen, ein Sachbuch, kümmert sich nicht um eine bekömmliche Dramaturgie, sondern beginnt gewissermaßen bei Adam und Eva, gibt einen geografischen und geologischen Überblick, schildert Land und Leute und Klima und Vegetation, bis er endlich auf den eigentlich Anlass des Buches kommt. So fängt er an:

> Das zentralbrasilianische Hochland fällt im südlichen Küstenverlauf jäh, steil und tief zum Meere ab. Stolz überragt es die Fluten; und landeinwärts pflanzt es sich in Hochplateaus fort, die den Kämmen der von Rio Grande bis Minas sich ziehenden Seekordilleren ebenbürtig sind.

Dagegen der Anfang von Vargas Llosa:

> Der Mann war hoch gewachsen und so mager, daß er immer wie im Profil wirkte. Seine Haut war dunkel, seine Knochen vorstehend und seine Augen brannten in immerwährendem Feuer. Er ging in Hirtensandalen, und das violette Gewand, das lose an seinem Körper herabfiel, erinnerte an die Tracht der Missionare, die von Zeit zu Zeit die Dörfer des Sertão aufsuchten.

Unterschiedlicher kann man ein und dasselbe Thema kaum behandeln. Doch jetzt muss ich von einer merkwürdigen Leseerfahrung berichten. Ich hatte zuerst Vargas Llosa gelesen und war beeindruckt. Dann wollte ich wissen, wer dieser Euclides da Cunha sei, stieß auf Zillys Übersetzung und war fasziniert. Nun fand ich da Cunha ungleich besser als Vargas Llosa. Mich erschütterte die unausweichliche Gewalt der Vorgänge, und sie wirkten umso dramatischer, als es der Autor, vordergründig nur an einer lückenlosen Aufklärung der Entstehungsgründe dieses bestialischen Krieges interessiert, überhaupt nicht auf eine Dramatisierung anzulegen schien. Die Mischung aus sachbezogener Lakonie und heiligem Zorn gab der Darstellung die Überzeugungskraft des Authentischen. Ich hatte das Gefühl, einem wirklichen und beglaubigten Vorgang beizuwohnen. Ich wurde zum Teilnehmer einer empörten und verzweifelten Recherche, erfüllt von Sympathie für die Opfer und in kritischer Distanz sowohl gegen die Generalität als auch gegen Antonio Conselheiro.

Verglichen damit fand ich, dass Vargas Llosa den eigentlichen Konflikt eher verwischte und dass sein Roman den unnötigen Versuch einer Poetisierung und Psychologisierung unternahm. Ich hatte eine Empfindung, wie man sie gelegentlich angesichts von Hollywood-Verfilmungen großer Romane hat: Die Geschichte wirkt zwar suggestiver, sie kommt einem auf vielerlei Weise entgegen, zugleich aber verliert sie ihre staunenswerte Fremdheit und Größe.

In Brasilien gilt «Os Sertoes» als eines der großen Werke der brasilianischen Literatur, mit Recht, wie ich glaube. Es handelt sich zwar nicht um einen Roman im strengen Sinn, aber erstens ist der Roman keine festgelegte Form, und zweitens muss ein Buch nicht den Untertitel «Roman» tragen, um ein großes Werk der Literatur zu sein. Auch spielt es keine Rolle, dass Euclides da Cunha ein politisch-historisches Sachbuch schreiben wollte. Der Überschuss an Leidenschaft, die über die bloß sachliche Darstellung weit hinausgehende bildhafte Sprache, die Inbrunst der Einfühlung in das Schicksal der Anhänger des Ratgebers – all dies macht das Buch zu einem literarischen Werk hohen Ranges. Es ist Euclides da Cunha gleichsam unterlaufen, so wie es umgekehrt (und häufiger) geschieht, dass sich jemand einen Roman zu schreiben vornimmt, etwa über ein historisches oder politisches Thema, und er unwillentlich doch nur ein literarisch aufgeputztes Sachbuch zu Stande bringt.

Sie sehen an den Beispielen, wie zwei Romane ein dokumentiertes historisches Ereignis – hier der Schiffbruch, dort der Bürgerkrieg – zu einem Kunstwerk umformen, im Falle des «Robinson» mit einem strahlenden, im Falle des «Krieges am Ende der Welt» mit einem problematischen Ergebnis. Das ist aber lediglich meine Sicht, und es mag gut sein, dass Sie zu einem anderen Urteil kommen. Wichtig war mir nur zu zeigen, wie groß die Rolle der Faktizität im Roman ist und wohl immer bleiben wird. Gerade dies macht ihn zur beliebtesten Kunstform. Er ist eine Schule der Weltanschauung. Deshalb kann man so gut über ihn reden, streiten (leider auch faseln), deshalb hat er zuweilen eine so große Wirkung. Betrachtet man hingegen das Sprachkunstwerk in seiner reinsten Form, die Lyrik Hölderlins, Trakls, Rilkes (um nur ein paar deutschsprachige Dichter zu nennen), dann sieht man, wie es großer Poesie gelingen kann, das abgenutzte, vernutzte Werkzeug unseres täglichen Umgangs zu reinigen und zu heiligen, um den Preis freilich, dass derjenige, den das Wort wirklich trifft, sich nur unter Mühen mitteilen kann.

Zweite Pause
Was kann der Roman nicht?

Kunst kommt von Können, wenn sie von Wollen käme, müsste sie Wulst heißen. Dieser dem Maler Max Liebermann zugeschriebene Aphorismus bezeichnet recht gut

eine Versuchung, der Romanautoren immer wieder ausgesetzt sind. Weil sich in einem Roman so gut wie alles sagen lässt, kann er auch einem Programm, einem großen
Wollen folgen: einem erzieherischen, indem er seinen
Lesern zeigt, wie sie wirklich zu denken und zu leben hätten; einem politischen, indem er die bestehenden Ver-
hältnisse geißelt und die Morgenröte einer neuen Zeit an
den Papierhimmel malt; oder auch einem Lustpro-
gramm, indem er die Entfesselung der Sinne auf seine
Fahnen schreibt.

Die Wahrheit ist glücklicherweise, dass aus all diesen
Programmen nie sehr viel geworden ist – außer, dass sie
zumeist schlechte Romane zeugten. Man kann das am
Schicksal der so genannten Agitprop-Literatur ablesen
(die Abkürzung setzt sich aus Agitation und Propaganda
zusammen), jenen Romanen der sowjetischen Zeit also,
die sich mühten, den Lauf der Dinge im Sinne der Partei
zu interpretieren und die Leser entsprechend zu indok-
trinieren. Diese Literatur hat das Schicksal des totalitären
Kommunismus nicht abwenden können, und dasselbe
gilt für die Prosa des sozialistischen Realismus, den die
DDR für ihre Autoren verpflichtend machte. Eine harm-
losere Variante gab es in Westdeutschland, wo linke Autoren eine «Literatur der Arbeitswelt» schaffen wollten, die
den Arbeitern das «richtige Bewusstsein» (so nannte man
das damals) beibrächte. Die Arbeiter aber dachten gar
nicht daran, solche Romane zu lesen, sie blieben bei der
Bild-Zeitung und wussten vermutlich, dass sie von beiden
Seiten nichts wirklich Hilfreiches erfahren würden, mit
dem Unterschied freilich, dass «Bild» wesentlich amüsan-
ter war als die «Literatur der Arbeitswelt».

Ich nehme nicht an, dass Sie solche Sachen freiwillig le-

sen, und weise nur deshalb darauf hin, weil menschen-
freundliche Leser oft dazu neigen, der Literatur eine Last
aufzubürden, die sie nicht gut tragen kann. Es stimmt
zwar, dass die großen Romane oft auch Romane mit einer
erzieherischen Absicht gewesen sind, vor allem in frühe-
rer Zeit, aber ich behaupte, dass diese Absicht für den
Autor eher ein sekundäres Motiv war und dass ihn in
Wahrheit etwas anderes umgetrieben hat, ein existenziel-
les Problem vielleicht, dessen Lösung er mit der Niederschrift dieses Textes näher kommen wollte. Und ich bin
davon überzeugt, dass eine Literatur mit bloß pädagogi-
scher Absicht zu rein gar nichts führt, weder zu guten Büchern noch zu guten Menschen.

Die Erfahrung zeigt, dass Erziehungsprogramme immer fehlschlagen, weil Geist und Seele der Menschen in
ihrer Reaktion nicht vorhersehbar sind. Man muss sich
nur daran erinnern, wie oft man sich in seinem Leben aus
dem Gegenteil, aus dem Widerspruch heraus entwickelt
hat – und eben nicht aus der Zustimmung, aus der Nach-
ahmungslust; und man begreift, wie sehr wir uns über
diese Nichtberechenbarkeit freuen müssen. Denn an-
dernfalls hätten Erziehungsdiktaturen wirklich eine
Chance.

Dennoch denke ich, dass die Literatur der guten Absicht leider mehr Schaden als Nutzen angerichtet hat. Sie
hat die Leser betrogen und die Autoren geknebelt. Diesen Vorwurf kann man der pornografischen Literatur
nicht machen. Sie schadet, davon bin ich überzeugt, wirklich niemandem. Auch sie verfolgt ja ein Programm. Aber
auch das gelingt nicht. Die Simulation, die Vortäuschung
eines sinnlichen Exzesses, ist und bleibt eben Simulation,
sie kann die wirklich erlebte Sinnenfreude nicht ersetzen.

Sie kann den Leser, je nach Laune, animieren oder, grob gesagt, geil machen, und das wäre ja schon etwas. Aber die Wahrheit ist leider, dass das einzige Motiv der pornografischen Erzählung, nämlich das Eine darzustellen und immerfort zu wiederholen, enttäuschend schnell ermüdet und banal, mechanisch wirken muss.

Ja, es gibt große erotische Texte in der Literatur, etwa die Erzählung «Unschuld» des amerikanischen Schriftstellers Harold Brodkey (1988), wo ein junger Mann verzweifelt und mit aller Liebe, derer er fähig ist, versucht, seiner Freundin zum Orgasmus zu verhelfen, eine weniger lust- denn peinvolle Angelegenheit. Boccaccios «Decamerone» (1348 bis 1353) und Chaucers «Canterbury Tales» (1387) sind weitere Beispiele einer möglichen erotischen Bibliothek, in der zu blättern und zu lesen lustvoll sein kann. Und ich sollte nicht versäumen, einen intelligenten Roman des erwähnten Mario Vargas Llosa zu erwähnen, «Die geheimen Aufzeichnungen des Don Rigoberto» (1997), der vorführt, dass die Lust des Betrachtens und des Betrachtetwerdens der Anfang erotischer Kultur ist. Aber auch hier ist es so, dass der wirklich kunstvolle Text über den bloßen Reiz hinausgeht, indem er das sexuelle Begehren an seine Grenzen und in seine Abgründe führt.

Wenn man sich die großen Liebesbegegnungen der Literatur vor Augen hält, dann erkennt man, dass sie den letzten Augenblick aussparen, auf das fleischliche Detail verzichten und vom Allerintimsten den Blick gnädig abwenden. Es hat wohl damit zu tun, dass der Roman niemals die Wirklichkeit selbst sein, dass er sie nie vollkommen simulieren kann – so sehr er auch von ihr abhängt. Wenn er diese Grenze zu überschreiten versucht, wird es nicht selten peinlich. Das gilt für das politisch-pädagogische Projekt ebenso wie für das pornografische.

Im Sinne Christian Enzensbergers kann ich nur empfehlen: Lesen Sie, wenn Sie glauben, lesen zu müssen, oder wenn Sie nicht in der Lage oder Stimmung sind, etwas anderes zu tun. Denn Lesen ist schön, aber nur das Zweitschönste.

Drittes Kapitel
Über das Fortwirken literarischer Helden

Irgendwann in den siebziger Jahren sah ich an irgendeiner Wand die Inschrift hingesprüht: «Frodo lebt!» Damals hatte ich Tolkiens Roman «Der Herr der Ringe» noch nicht gelesen. Ich hatte zwar von Frodo (das ist der tapfere kleine Mann, der das Reich des Bösen besiegt und den fluchbeladenen Ring seiner Vernichtung zuführt) durchaus gehört, aber mir war die Bedeutung des Satzes nicht recht klar. Später, als ich das Buch endlich las, fiel mir der Satz wieder ein, und ich verstand seine eigentliche Bedeutung. Er meint ja nicht die jedem Tolkien-Leser geläufige Tatsache, dass der Held des Romans tausend Todesgefahren übersteht, sondern er will sagen, dass Frodo nicht allein ein Held von Tolkiens Gnaden ist, sondern in den Herzen jener Millionen weiterlebt, die das Buch gelesen haben, so, als hätte es ihn wirklich gegeben, als wäre er nicht bloß eine Romanfigur.

Wer sich an seine frühe Lektüre erinnert, dem wird auffallen, dass es nicht wenige literarische Figuren gibt, die trotz ihrer papierenen Herkunft ein blutvolles Leben führen, als wären sie für immer aus den Buchseiten herausgetreten. Sie vagabundieren durch unsere Fantasie wie lebendige Menschen, Verwandte sozusagen. Für mich waren das Karl Mays Winnetou und Old Shatterhand, Mark Twains Tom Sawyer und Coopers Lederstrumpf. Später, mit den Krimis, kamen Miss Marple und Hercule

Poirot (Agatha Christie) hinzu, Pater Brown (Chesterton), Philip Marlowe (Chandler) und natürlich Sherlock Holmes (Arthur Conan Doyle). Holmes ist vielleicht sogar das schlagende Beispiel: Ich glaube, viele Menschen wissen gar nicht, dass er ursprünglich eine Romanfigur war.

Hier will ich Ihnen zeigen, dass die Literatur nicht nur abhängig von der Wirklichkeit ist, wie wir im zweiten Kapitel gesehen haben, sondern umgekehrt auch Wirklichkeit herstellt, indem sie Helden zeugt, die manchmal stärker fortwirken als historisch beglaubigte Personen. Das gilt natürlich vor allem für die Antike. Antigone und Elektra, Kassandra und Odysseus, Achilles und Penthesilea, Prometheus und Ödipus sind zwar mehr als nur die Kopfgeburt eines einzelnen Schreibers, es sind mythische Gestalten kollektiven Ursprungs, und einige von ihnen beziehen sich auf reale historische Personen. In der Hauptsache aber sind sie erfunden, erdacht. So wie wir sie kennen, hat es sie nie gegeben. Aber wir kennen sie dennoch, als wären sie leibhaftig unter uns, den Vatermörder Ödipus, die Unheilskünderin Kassandra und die kriegerische Mannesverächterin Penthesilea. Sie sind die Urgestalten des Tragischen, sie alle leben fort in der Psychoanalyse, im Theater, im Kino, gerade so, als ob sie wirklich gelebt hätten.

An den Beispielen ist schon zu sehen, dass die Helden der Literatur selten strahlende Sieger sind. Sie gleichen weder Old Shatterhand noch Sherlock Holmes, die immer den Durchblick haben und denen keine Tücke etwas anhaben kann, sondern es sind vielschichtige, gebrochene Gestalten, die eben deshalb das Schicksal des Menschen beispielhaft verkörpern. Da gibt es die irrenden Helden wie Parzival, die fürchterlichen wie Michael Kohlhaas, die unglücklichen wie Werther und Emma Bovary, die komischen wie Oblomow, schließlich die bösen Helden wie Kapitän Ahab. Schauen wir sie uns näher an.

Von Parzival, dem tumben Tor, haben Sie sicherlich schon gehört, am wahrscheinlichsten in Richard Wagners Oper, aber dort heißt er Parsifal. Der, den ich meine, stammt von einem der größten und frühesten Dichter deutscher Sprache, von Wolfram von Eschenbach (etwa 1170 bis 1220), und bevor Sie resigniert abwinken und mir erklären, dass Sie Mittelhochdeutsch nicht verstehen (das kann in der Tat kaum einer), sage ich gleich, dass es eine hervorragende Übersetzung ins zeitgenössische Deutsch gibt, die es leicht macht, dieses wunderbare Versepos zu lesen. Sie stammt von dem auch sonst beachtlichen Schriftsteller Dieter Kühn und ist im Deutschen Klassiker Verlag erschienen.

Die Figur des Parzival aber hat auch Wolfram nicht erfunden. Er bezieht sich vor allem auf den früheren «Perceval» des Chrétien de Troyes, und der wiederum schöpft aus noch früheren Quellen, aber das soll uns hier nicht weiter interessieren. Ich jedenfalls habe Wolframs Parzival immer geliebt, vor allem auch seine köstliche Gegen- und Parallelfigur, den lebenslustigen Ritter Gawan, und ich will gleich erklären, weshalb. Zunächst aber in aller Kürze die Geschichte:

Der vaterlose Parzival wächst bei seiner Mutter Herzeloyde (der Name bedeutet, was er sagt) in völliger Einsamkeit auf. Aus bitterer Erfahrung – die Gründe und die Vorgeschichte lasse ich hier weg – will sie ihr einziges Kind fernhalten von den Gefahren des Ritterlebens. Das misslingt natürlich, und der kaum mannhafte Knabe versieht sich mit einer lachhaften Ausrüstung, einer Art Parodie des gebotenen Outfits, verlässt die klagende Mutter und schickt sich an, die Laufbahn eines richtigen Ritters zu beschreiten. Die ersten beiden Begegnungen, die mit der schönen Jeschute und die mit dem Roten Ritter, enden fatal: Es sind grobe Verstöße gegen den ritterlichen Ehrenkodex, begangen von einem, der nicht die geringste Ahnung hat, sondern nur Flausen im Kopf. Jeschute tritt er in wörtlichem, körperlichem Sinn zu nahe, worunter sie dann schrecklich leiden muss; und den Roten Ritter macht er brutal nieder (mit tödlichem Ende), dank seiner gewaltigen Körperkraft und unter Missachtung der Regeln eines ordentlichen Zweikampfes.

Parzivals Karriere beginnt also mit zwei schweren Verfehlungen, die man ihm noch lange vorhalten wird – hier spielt die Tafelrunde des Königs Artus, die eine Mischung aus moralischem Gerichtshof und permanenter Party gewesen sein muss, eine wichtige Rolle. An dieser Stelle begann mein erster Streit mit der durch die Artus-Runde ausgesprochenen Verurteilung Parzivals. Was kann denn Parzival, so fragte ich mich, für seine Unwissenheit? Denn nichts anderes als der von Herzeloyde zu verantwortende Mangel an Kenntnis der Welt und ihrer Sitten führt ihn ja in dieses schicksalhafte Unglück. Wolframs Antwort ist ebenso einfach wie bedrückend: Unwissenheit schützt nicht vor Schuld.

Parzival gelangt nun an den Hof des Gurnemans, eines angesehenen, erfahrenen Ritters, der den strahlenden, aber unbedarften jungen Mann lieb gewinnt und ihm in langen Lehrstunden alles beibringt, was er können muss, um in der ritterlichen Welt zu bestehen: wie man sich kleidet, wie man reitet, das Schwert und den Speer führt, wie man sich benimmt. Vor allem legt Gurnemans Wert auf die Regeln der höfischen Etikette, und eine dieser Regeln lautet: «Ihr sollt nicht viele Fragen stellen!» (irn sult niht vil gevrâgen).

Das ist der rechte Rat angesichts des präpotenten, vorlauten Benehmens, das der Junge bisher an den Tag gelegt hat, aber der falsche Rat für das, was nun folgt. Denn Parzival ist ausersehen, den Gral zu finden, und eines Tages gelangt er auf den Mont Salvage (den Berg des Heils). Man führt ihn in den prachtvollen Thronsaal der Burg, wo er seltsame Dinge sieht. Eine Jungfrau trägt den Gral herein, einen von Wolfram nicht näher beschriebenen Stein, der wundersame Kräfte besitzt. Einerseits wirkt er wie ein Tischleindeckdich und zaubert alle Speisen herbei, die man sich wünscht. Andererseits verleiht er dem, der ihn erblickt, Unsterblichkeit. Dies ist das Los des todeskranken Gralskönigs Anfortas, der den Gral sieht und nicht sterben kann. Er leidet an einer unheilbaren Wunde. Wie es dazu kam, wird auch erzählt, aber das müssen Sie selbst nachlesen. Der König kann nur gerettet werden, wenn einer kommt und unaufgefordert die Mitleidsfrage stellt. Es wäre nun an Parzival, diese Frage zu stellen und damit sein Mitgefühl für den sichtlich leidenden Mann zu zeigen, aber er erinnert sich der Regel des Gurnemans und fragt nicht. Am nächsten Morgen ist die Chance vertan, die Burg liegt leer und verlassen da, und Parzival reitet ratlos davon.

Auch an diesem Punkt haderte ich mit Wolfram. Ist nicht Diskretion, so dachte ich beim ersten Lesen, eine große Tugend? Und wer kann es Parzival verübeln, dass er die sinnvollen, erprobten Ratschläge seines Lehrmeisters Gurnemans beherzigt? Und wieder ist die Antwort, die der Text gibt, sehr einfach und eindrucksvoll: Es gibt

Augenblicke, da formale Gesetze nicht gelten und spontane Mitmenschlichkeit zwingend gefragt ist. Beim ersten Mal scheitert Parzival, weil er die Regeln gesellschaftlichen Umgangs nicht kennt; und beim zweiten Mal, weil er sie fantasielos befolgt.

Parzival macht sich nun erneut auf die Suche nach dem Gral, und bei seinem zermürbenden Ritt durch gottverlassene Wälder stößt er auf den Einsiedler Trevrizent. Dort findet er Rat und Trost. Es ist Karfreitag, und Trevrizent weist ihn ein in das Geheimnis des Glaubens und in die christliche Botschaft der Nächstenliebe. Der unwissende Parzival erfährt auch, dass sowohl Anfortas als auch Trevrizent die Brüder seiner Mutter Herzeloyde sind und dass Ither, der von ihm erschlagene Rote Ritter, ein Verwandter war. Und er erfährt, dass die Mutter aus Kummer über seinen Weggang gestorben ist. All dies erschüttert ihn zutiefst, wie man sich leicht vorstellen kann. Zusammen mit Trevrizent leistet er Bußübungen und betet zu Gott. Am Ende verlässt er geläutert die Klause und setzt seine Suche nach dem Gral fort.

Hier nun wechselt Wolfram die Perspektive und wendet seine Aufmerksamkeit dem Ritter Gawan zu, von dessen ebenso fantastischen wie erotischen Abenteuern ich gerne erzählen würde, aber diese Abschweifung würde uns in eine ähnliche Irre führen wie die, in der Parzival steckt. Am Ende jedoch bindet Wolfram die zahlreichen Erzählfäden wieder zusammen, und Parzival findet die Burg auf dem Mont Salvage. Wieder wird der Gral hereingetragen, wieder erblickt er den leidenden Anfortas, und nun stellt er die richtige Frage: «Oheim, sag, was quält dich so?» (oeheim, waz wirret dier?), der Bann ist gelöst, Anfortas geheilt und Parzival wird Gralskönig.

Vielleicht liebe ich den Parzival deshalb, weil ich wahrscheinlich alle seine Fehler begangen hätte, mit der Einschränkung freilich, dass ich einem Mann wie Ither kaum hätte standhalten können. Parzival jedenfalls ist eine Figur, die sich befreit hat von ihren Urhebern und zum Muster des aus Einfalt und guter Absicht irrenden Helden geworden ist, der seine wahre Bestimmung erst auf Umwegen erreicht. Man kennt ihn, auch wenn man Wolframs Werk nicht kennt.

Das gilt auch für den «Michael Kohlhaas» (1810) des Heinrich von Kleist, ein wahrhaft fürchterlicher Held. Jemanden, der sein Recht auch dann unnachsichtig verfolgt, wenn es ihm selbst und der Allgemeinheit schadet, den nennt man einen Kohlhaas, als ob es diesen Mann in der Tat gegeben hätte. Kohlhaas und Parzival: beide sind sie anständige Leute, die sich mühen, dem Gebotenen zu folgen; aber während Parzival trotz aller Wirrnis eine helle, sympathische Erscheinung ist, wütet in dem dunklen, sich selbst nicht durchschauenden Kohlhaas eine teutonisch-totalitäre Gewalt.

An den Ufern der Havel lebte, um die Mitte des sechzehnten Jahrhunderts, ein Roßhändler, namens Michael Kohlhaas, Sohn eines Schulmeisters, einer der rechtschaffensten zugleich und entsetzlichsten Menschen seiner Zeit.

So beginnt, unheilschwanger, die Novelle, und am Ende des ersten Absatzes heißt es: «Die Welt würde sein Andenken haben segnen müssen, wenn er in seiner Tugend nicht ausgeschweift hätte. Das Rechtgefühl aber machte ihn zum Räuber und Mörder.» Damit hat man eigentlich schon die ganze Geschichte, jedenfalls ihre Essenz.

Das etwa ist der Vorgang: Der Pferdehändler Kohlhaas, angesehener Bürger, treuer Gatte seiner Frau Lisbeth und liebevoller Vater zweier Kinder, befindet sich mit einer Koppel Pferde und seinem Knecht auf der Reise zu einem Markt, als ihm plötzlich eine Schranke unterhalb der Burg derer von Tronka den Weg versperrt. Folgsam entrichtet er an den Zollwärter die Gebühr und will eben seinen Weg fortsetzen, als der Burgvogt herbeikommt und ihn nach dem Passierschein fragt. Kohlhaas, der von dieser Neuerung nichts weiß, bleibt ruhig und bietet an, den Passierschein an zuständiger Stelle zu kaufen und bei nächster Gelegenheit vorzulegen. Der Vogt will sich darauf nicht einlassen und verbietet die Durchreise.

Nach längeren Auseinandersetzungen, an denen auch der Junker Wenzel von Tronka selbst teilnimmt, wird Kohlhaas gezwungen, zwei seiner Pferde als Pfand dazulassen. Er schickt sich drein und befiehlt seinem Knecht Herse, bei den Pferden zu bleiben und sie zu pflegen. Als Kohlhaas nach Verrichtung seiner Geschäfte mit dem amtlichen Bescheid nach Hause kommt, dass die Passierscheinregelung reine Willkür sei, erfährt er, dass Herse unter billigem Vorwand davongejagt und schwer misshandelt worden sei, schließlich, dass die stolzen Reitpferde, weil man sie zur Feldarbeit herangezogen und miserabel behandelt habe, auf den Hund gekommen seien.

Nun beschafft sich Kohlhaas einen Rechtsbeistand und reicht Klage ein. Sie wird, ebenso wie ein weiterer Antrag, abgeschmettert: Die verzweigte Sippschaft der Tronkas hat zu viel Einfluss bei Hofe. Kohlhaas ist am äußersten Punkt seiner Geduld. «Sein Rechtgefühl», heißt es einmal, «das einer Goldwaage glich, wankte noch.» Der letzte Ausweg ist eine Bittschrift an den Fürsten. Lisbeth bringt ihn dazu, dass sie selbst versuchen darf, die Petition vorzubringen. Ein unglücklicher Zufall fügt es, dass Lisbeth im Gedränge um den Fürsten von Sicherheitskräften so brutal beiseite gestoßen wird, dass sie wenig später ihren Verletzungen erliegt.

Ich schildere dieses erste Drittel der rund hundert Seiten deshalb so umständlich, wenn auch keineswegs vollständig, um zu zeigen, wie sehr Kleist sich bemüht (vielleicht unabsichtlich-unbewusst bemüht), den dann folgenden ungeheuerlichen Ratschluss seines Helden als plausibel und unausweichlich erscheinen zu lassen. Zwar geht es letztlich nur um zwei Pferde, aber die Kette der Demütigungen, denen Kohlhaas ausgesetzt wird, entwickelt eine derart tückische Gewalt, dass dem Leser die Gegengewalt des Kohlhaas geradezu willkommen erscheint, so wie sie auch Kleist, seiner einleitenden Bemerkung zum Trotz, Kohlhaas sei in seiner Tugend ausgeschweift, willkommen ist. Denn er schreibt, nachdem Kohlhaas Haus und Hof verkauft und eine Schar Getreuer bewaffnet hat – und jetzt achten Sie bitte auf die ungeheure, geradezu triumphale Architektur dieses Satzes (die Zeichensetzung ist die von Kleist):

Er fiel auch, mit diesem kleinen Haufen, schon, beim Einbruch der dritten Nacht, den Zollwärter und Torwächter, die im Gespräch unter dem Tor standen, niederreitend, in die Burg, und während, unter plötzlicher Aufprasselung aller Baracken im Schloßraum, die sie mit Feuer bewarfen, Herse, über die Wendeltreppe, in den Turm der Vogtei eilte, und den Schloßvogt und Verwalter, die, halb entkleidet, beim Spiel saßen, mit Hieben und Stichen überfiel, stürzte Kohlhaas zum Junker Wenzel ins Schloß. Der Engel des Gerichts fährt also vom Himmel herab; und der Junker, der eben, unter vielem Gelächter, dem Troß junger Freunde, der bei ihm war, den Rechtsschluß, den ihm der Roßkamm übermacht hatte, vorlas, hatte nicht sobald dessen Stimme im Schloßhof vernommen: als er den Herren schon, plötzlich leichenbleich: Brüder, rettet euch! zurief, und verschwand. Kohlhaas, der, beim Eintritt in den Saal, einen Junker Hans von Tronka, der ihm entgegenkam, bei der Brust faßte, und in den Winkel des Saals schleuderte, daß er sein Hirn an den Steinen versprützte, fragte, während die Knechte die anderen Ritter, die zu den Waffen gegriffen hatten, überwältigten, und zerstreuten: wo der Junker Wenzel von Tronka sei?

Vielleicht werden Sie, wenn Ihnen Kleist nicht vertraut ist, seine Sprache schwer verständlich finden. In der Tat ist sie ungewöhnlich, vorangetrieben von einer geradezu wahnsinnigen Erregung, die aber durch kühne, manchmal waghalsige Satzperioden aufgefangen wird; dergestalt, dass (diese Wendung wäre typisch für Kleist) sich die Dramatik der Ereignisse in der Dramatik der Sprache wiederfindet, die hier auf die biblische Pointe zuläuft: «Der Engel des Gerichts fährt also vom Himmel herab.»

Da ihm sonst keiner Recht verschafft, holt Kohlhaas es sich selbst, vergrößert seine Schar um einen Haufen Söldner und fällt in Wittenberg ein, wo sich der Junker versteckt hält. Er zündet die Stadt an mehreren Ecken an und verlangt dessen Auslieferung. Aus der Privatfehde wird nun ein richtiger Krieg, dessen Fortgang ich nicht erzählen will. Die Geschichte spielt zur Zeit Luthers, der einen Vermittlungsversuch unternimmt, denn inzwischen sind die Leute des Kohlhaas zu einer kleinen Armee angewachsen, und aus dem Ganzen wird eine hochpolitische Affäre – gefährlich für die Herrschenden deshalb, weil damals, in dieser aufgeregten Zeit, die alte Ordnung nicht mehr im Stande war, die einander widerstreitenden sozialen und politischen Kräfte zu bändigen. Man muss sich vor Augen halten, dass die Reformation Luthers auch eine Revolution gewesen ist. Übrigens ist die Geschichte des Kohlhaas historisch verbürgt, auch wenn Kleist sie erheblich umgeformt hat.

Am Ende erhält Kohlhaas das, was er von Anfang an wollte: einen fairen Prozess. Man gibt ihm die Pferde gut genährt zurück, leistet Schadensersatz, und der Junker wird inhaftiert. Im Gegenzug wird Kohlhaas wegen Aufruhrs und Mordbrennerei zum Tode verurteilt und enthauptet.

Ich weiß nicht, ob eine Figur wie Kohlhaas in anderen Kulturen denkbar wäre. Mir jedenfalls kommt sie sehr deutsch vor, in gutem wie in schlechtem Sinn. Diese Mischung aus Rechtschaffenheit und Wahnsinn, aus Anstand und Mordgier, diese über Leichen gehende Prinzipienreiterei, dieser entsetzliche Mangel an Augenmaß und pragmatischer Vernunft – all dies hat es in der deutschen Geschichte leider sehr oft gegeben, und deshalb ist Kohlhaas eine Figur, die uns den Spiegel vorhält und weit über die Novelle hinausgewirkt hat und noch wirkt. Sie zeigt uns, was es bedeuten kann, wenn jemand «in seiner Tugend ausschweift».

Unglückliche Helden, so kommt es mir vor, gibt es in der Literatur massenhaft, besonders die unglücklich Liebenden. «Eine unglückliche Liebe» heißt der erste Roman von Wolfgang Koeppen (1934), und auch der ist nur ein winziger Baustein in der gewaltigen Gedächtniskirche unglücklicher Lieben. Gibt es denn keine glücklichen? Im Leben hoffentlich schon, aber wer glücklich liebt, muss weder Romane schreiben noch welche lesen, er hat ja nichts anderes zu tun, als glücklich zu lieben. Der Augenblick des Glücks kann lang oder kurz sein, aber gleichgültig, welche Dauer er objektiv besitzt, wenn er eintritt, ist die Zeit in ihm aufgehoben, zum Stillstand gebracht. Im Moment der höchsten Lust wie des größten Schmerzes verschwindet das Zeitempfinden, das Gefühl von Ewigkeit, einer höllischen oder einer himmlischen, stellt sich ein.

Da aber die Erzählung gestaltete Zeit ist, kann sie nicht im ewigen Augenblick verharren, und das ist wohl ein weiterer, ein innerliterarischer Grund dafür, dass das Unglück für die Literatur ergiebiger ist. Niemand will ja unglücklich sein, jeder sucht das Glück, findet es, verfehlt es, verliert es, und daraus entsteht eine Geschichte, die erzählt werden kann, sogar erzählt werden muss. Wer davon erzählen kann (oder wer in der Erzählung sein eigenes Unglück wiedererkennt), ist nicht mehr vollkommen unglücklich.

Man sagt, Goethe habe den «Werther» geschrieben, um über eine Liebesenttäuschung hinwegzukommen. Ich weiß nicht, ob das stimmt. Ich verspüre immer ein Missbehagen, wenn literarische Texte aus biografischen Umständen gedeutet werden. Für das wirkliche Verstehen kommt nicht viel dabei heraus, und nicht selten wird die Größe eines Werkes dadurch auf die Zufälligkeiten privaten Lebens reduziert.

Wie auch immer: Werther ist zum berühmtesten Helden der unglücklichen Liebe geworden, unabhängig von seinem Erzeuger Goethe und sogar gegen dessen Willen.

Das Buch erregte damals großes Aufsehen, versuchte es doch, Verständnis für einen Selbstmörder zu wecken. Denn dies ist die Geschichte: Der junge Werther verliebt sich in Lotte, die ihm freundlich begegnet. Gegen Ende scheint es sogar, als wolle der Funkenregen, den Werthers hochgespannte Schwärmerei versprüht, auf sie übergreifen. Aber Lotte ist verlobt, wird bald heiraten, aus dieser Liebe kann nichts werden, und Werther erschießt sich. Ein Selbstmörder war damals (das Buch erschien 1774) von einem kirchlichen Begräbnis ausgeschlossen, und so lauten die letzten Sätze: «Handwerker trugen ihn. Kein Geistlicher hat ihn begleitet.»

Das Buch wäre nicht so bedeutend, hätte nicht Goethe eine so sprechende, zwingende Form dafür gefunden. Im ersten Teil begegnet uns Werther nur in seinen tagebuchartigen Briefen, die er an seinen Freund Wilhelm richtet, und wir sehen die Welt, die Natur, sehen Lotte und die Kinder der Nachbarschaft ganz mit seinen Augen. Auf uns Heutige mögen seine hochfliegenden Gedanken, seine hochgestimmten Gefühle, seine hochherzigen Ansichten und Wahrnehmungen (alles an ihm ist ja irgendwie so hoch, dass wir bald fürchten, er werde stürzen) etwas überspannt wirken, aber seine Inbrunst, seine Leidenschaftlichkeit beeindrucken uns doch.

Im zweiten Teil meldet sich der anonyme «Herausgeber» zu Wort und berichtet von Werthers letzten Tagen. Vom Herausgeber stammt auch der einleitende Vorspruch an die Leser, wo er um Verständnis für Werther bittet: «Ihr könnt seinem Geist und seinem Charakter eure Bewunderung und Liebe, seinem Schicksale eure Tränen nicht versagen.» Dem sind die meisten Leser bis heute gefolgt.

Sollen wir Emma Bovary eine unglücklich Liebende nennen? Unglücklich ist sie gewiss, und auch sie endet im Freitod. Aber liebt sie denn wirklich? Wir kämen nicht auf die Frage, wenn sie nicht selbst daran zweifelte. Ihren Mann, den wackeren, anständigen und genügsamen Landarzt Charles Bovary hat sie doch einst geliebt. Aber sie vermag es nicht, das zu schätzen, was sie hat. Ihr Leben erscheint ihr banal. Ihre wie eine unheilbare Krankheit fiebernde Sehnsucht richtet sich auf das jeweils Entfernte. Sie hofft auf die große Liebe wie auf ein Himmelsgeschenk:

> Im Grunde ihres Herzens erwartete sie ein Ereignis. Wie die Matrosen in Seenot, ließ sie verzweifelte Blicke über die Ödnis ihres Lebens schweifen und suchte fern am Horizont ein weißes Segel.

Das weiße Segel erscheint in Gestalt eines gewöhnlichen Frauenhelden und Lüstlings, des Landbarons Rodolphe. Ihm wirft sie sich an den Hals und treibt es mit ihm so lange, bis Rodolphe ihrer überdrüssig wird. Sie grämt sich, doch bald ersetzt sie Rodolphe durch den Notariatsgehilfen Léon. Aber auch diese Affäre kann ihre Sehnsucht nicht stillen:

> Jedes Lächeln verbarg ein Gähnen der Langeweile, jede Freude einen Fluch, jedes Vergnügen seinen Ekel, und die besten Küsse hinterließen auf den Lippen nur die unstillbare Begierde nach einer höheren Wollust.

Emma Bovary ist sicherlich auch deshalb eine so berühmte Figur geworden, weil sie die moderne, sich aus allen Konventionen lösende Unbedingtheit des Gefühls verkörpert, die schrankenlose Selbstverwirklichung. Und Emma scheitert an der herkömmlich festgelegten Rolle der Frau und all den demütigenden Banalitäten, die diese Rolle mit sich bringt. Aber sie ist keine strahlende Verliererin. Sie sehen schon an den beiden Zitaten, mit welcher Kälte, mit welch entblößender Präzision Flaubert den mittleren Charakter seiner Heldin darstellt. Gnadenloser verfährt er nur in der Schilderung der französischen Provinz, der selbstgefälligen Honoratioren und ihrer spießigen Beschränktheit. Das Geheimnis aber des Romans besteht darin, dass Emma, gerade weil sie so bedürftig und schwach erscheint und sich mit tragikomischer Inbrunst nach Größe sehnt, dem Leser ans Herz wächst. Er erkennt sich darin wieder, und Madame Bovary ist zur Schutzheiligen all jener armen Seelen geworden, in denen die Hoffnung auf das unbezweifelbare Glück noch nicht erloschen ist. Und wer wäre so glücklich, sich nicht dazurechnen zu müssen?

Wenden wir uns nun den komischen Helden zu, von denen die Literatur ebenfalls viele kennt. «Don Quijote» hatten wir schon, und einer der berühmtesten neben ihm ist «Oblomow». Iwan Gontscharow hat den Roman 1858 veröffentlicht, und sein offenkundiges Ziel war es, mit dieser legendär gewordenen Gestalt Kritik an der russischen Lethargie zu üben. Schon gleich das erste Bild zeigt, wie es um Ilja Iljitsch Oblomow steht. Es ist Vormittag, und der junge Mann (er ist 32) liegt noch immer, eingehüllt in einen bequemen Schlafrock, auf seinem Sofa, in einem detailliert geschilderten völlig verkommenen, verstaubten Wohnzimmer, und dort wird er auch die nächsten zweihundert Seiten liegen bleiben, gequält von einem «doppelten Unglück» – der Hausbesitzer hat ihm gekündigt, der Verwalter seines Gutes hat ihm von Missernten berichtet –, außerstande, in diesen schon länger anstehenden Dingen eine Entscheidung zu treffen, unfähig sogar, sich zu erheben, sich zu waschen und anzukleiden und den Anforderungen des Lebens beherzt entgegenzutreten. Da liegt er nun und träumt von einer gründlichen Reform seiner Besitztümer. Zwischendurch schreckt er auf, ruft nach seinem Diener Sachar, einem älteren Faktotum mit slapstickreifen Manieren, hat aber, wenn der endlich brummend erscheint, längst wieder vergessen, weshalb er ihn gerufen hat.

Die Gegenfigur ist kurioserweise ein Deutscher mit Namen Stolz, ein drahtiger, tüchtiger, lebenserfahrener Freund, der Oblomow seiner Herzensgüte und Sanftheit wegen liebt und ihn (das ist eigentlich schon die ganze Geschichte) aus seinem Dämmerzustand herauszureißen versucht. Was immerhin vorübergehend gelingt, denn Oblomow verliebt sich in eine gewisse Olga, die seine Liebe erwidert. Die anstehende Hochzeit mit all den Aufregungen aber ist entschieden zu viel für ihn, er fällt zurück in seine Lethargie und stirbt eines kläglichen Todes, zugrunde gegangen, wie Stolz am Ende traurig bemerkt, an der «Oblomowerei».

Das Interessante ist nun, wie sich unter der Oberfläche eine gegenläufige Geschichte ausbildet, die Oblomows Verhalten als verständlich, sogar sinnvoll erscheinen lässt. Er erhält nämlich an diesem Vormittag, eigentlich schon Mittag, eine Reihe von Besuchen, die zunächst Oblomows erbärmliche Faulheit anschaulich machen. Die Besucher sind alle mehr oder minder agile, lebenstüchtige Gestalten, die unterschiedliche Alternativen zu Oblomows Lebenswandel verkörpern. In den amüsanten Dialogen geht es um die Vorzüge des Handelns gegenüber dem Nichthandeln, und die Gründe, die von den Besuchern angeführt werden, entlarven die völlige Nichtigkeit ihres Tuns, die triste Banalität ihrer Interessen, so dass Oblomow, der ja nur zaghaft nach Sinn und Notwendigkeit fragt, mit seiner Philosophie Recht behält, es sei besser, nichts zu tun als etwas Gleichgültiges.

Oblomow fasst also – anders wäre der Ruhm dieses komischen Helden nicht zu erklären – die Vergeblichkeit menschlichen Daseins und Handelns ins Auge, und diese Perspektive verrät eine untröstliche Trauer. Der gelegentlich schlecht gelaunte Rolf Vollmann bemerkt in seinem «Roman-Verführer», dass der Leser schnell begreife, worum es gehe, und bald das Interesse verliere. Das könnte auch Ihnen, lieber Leser, passieren, muss ich warnend hinzufügen. Aber Sie sollten in jedem Fall die ersten zweihundert Seiten lesen, um zu begreifen, welch genialen Einfall Gontscharow gehabt hat und wie falsch es ist, jemanden, der bloß stumpf und träge ist, einen Oblomow zu nennen. Denn letzten Endes ist Oblomow eine empfindsame, zutiefst traurige, von der Sinnlosigkeit allen Handelns überzeugte und vom Leben überforderte Gestalt.

Lassen Sie uns noch einen Blick auf einen der großen bösen Helden werfen, auf Kapitän Ahab. Ich scheue mich, Sie in das weitläufige Gebirge von Herman Melvilles «Moby-Dick» zu führen – wir könnten beide den Weg verlieren. Wobei die Metapher vom Gebirge schon gleich falsch ist, denn der Roman spielt fast ausschließlich auf hoher See, an Bord des Walfängers «Pequod», auf dem Ismael, der Ich-Erzähler, angeheuert hat. Zu den Finessen des Romans gehört, dass der Kapitän des Schiffs, dieser Ahab, dem ein unheimlicher Ruf vorauseilt, erst Tage, nachdem die «Pequod» ihren Heimathafen Nantucket verlassen hat, auf Deck erscheint, so dass der Erzähler diesen Auftritt mit großer Spannung erwartet, und das tut auch der Leser. In Kapitel 28 ist es endlich so weit:

> Beiderseits des Achterdecks der *Pequod* war nicht weit von den Besanwanten ein Loch ungefähr einen halben Zoll tief in die Planken gebohrt. Kapitän Ahab stand aufrecht da, sein Knochenbein in das Loch gestützt, einen Arm erhoben, eine Want greifend, und blickte gerade voraus über den stetig stampfenden Bug. Unendliche, unerschütterliche Kraft und ein entschlossener, unbeugsamer Wille lagen in der starren und furchtlosen, vorwärtszielenden Unbedingtheit dieses Blickes. Er sagte kein einziges Wort.

Dabei bleibt es nicht, denn in Kapitel 36 hält Ahab eine Rede. Er ruft die Mannschaft zusammen und schwört sie ein auf den Kampf gegen Moby Dick, gegen jenen weißen Wal, der ihm das Bein abgerissen hat. Melville tut alles, um die Besonderheit des Auftritts hervorzuheben, und in der Tat gewinnt der Roman in diesem Augenblick eine neue, alles Herkömmliche sprengende Dimension. Man kann das schon an der Unterzeile, einer Art Regieanweisung, erkennen: «Kapitel 36. Das Achterdeck (Auftritt Ahab; dann alle)», ganz so, als ob wir es mit einer Oper zu tun hätten. Eine Oper folgt nun wirklich, allerdings eine hochpolitische, die all dem, was im 20. Jahrhundert an opernhaft-schmierenkomödiantischem Wahnsinn geschehen ist, prophetisch vorauseilt.

Ahab, ganz offensichtlich ein Besessener, missbraucht die Mannschaft für seine privaten Zwecke, er manipuliert

sie mit den üblichen Mitteln: Geld (indem er ein Gold-
stück theatralisch an den Mast nagelt), Schnaps (indem
er den Punsch reihum gehen lässt) und einer populisti-
schen Rhetorik. So gelingt es ihm, die Männer willenlos
zu machen, obwohl sie, indem sie nur auf den weißen Wal
Jagd zu machen versprechen, sich selbst schaden – werden sie doch von den Schiffseignern nach der Menge der
erschlagenen Wale bezahlt.

Allein die etwas intelligenteren Steuermänner sperren
sich gegen den faulen Zauber, darunter Stubb – und vor
allem Starbuck, der Erste Steuermann. Ahab sieht dessen
Widerwillen: «Doch was soll das lange Gesicht, Mr. Starbuck? Willst du den weißen Wal nicht jagen? Fehlt's dir an
Mut für Moby Dick?» Das ist schiere Infamie, aber Starbuck entgegnet ganz kühl: «Ich bin hierher gekommen,
um Wale zu jagen, nicht um meinen Kapitän zu rächen.
Wieviel Fässer wird dir deine Rache bringen, wenn sie dir
denn gelingt, Kapitän Ahab?» Wenig später kommt Star-
bucks entscheidender Einwand:

«Rache an einem stummen Tier!» rief Starbuck, «das einfach
dich aus blindem Trieb getroffen! Ein Wahnsinn! Zu wüten
gegen ein stummes Ding, Kapitän, erscheint mir grad wie
Gotteslästerung.»
Ahabs Entgegnung:
«Sprich du mir nicht von Gotteslästerung, Mann; ich würde
selbst die Sonne schlagen, wenn sie mich beleidigt.»

Verstehen Sie nun, weshalb mir bei diesem monströsen
Mann und seinem himmelsstürmenden Wahnsinn
Schreck- und Spukgestalten wie Hitler, Stalin, Mussolini
einfallen? Am Ende bleibt ja nichts übrig von dem ganzen

Unternehmen, die Pequod geht unter und reißt alle in die Tiefe, mit Ausnahme des Erzählers Ismael. Hier seine Gedanken über Ahab:

> Sein Wahnsinn stürmte an gegen seine gesunden geistigen Kräfte, überwältigte sie und richtete ihr zusammengefaßtes Geschützfeuer auf sein eigenes verrücktes Ziel, wodurch er, weit davon entfernt, seine Kraft verloren zu haben, zu diesem Zweck nun tausendfach mehr Macht besaß, als er bei gesundem Verstand jemals für ein vernünftiges Unternehmen aufgebracht hätte.

Sind die Wahnsinnigen des 20. Jahrhunderts je genauer beschrieben worden als hier vor 150 Jahren?

Weshalb nenne ich Ahab einen bösen Helden? Nicht jeder Wahnsinnige ist auch böse. Es gibt in der Szene auf dem Achterdeck eine Bemerkung von Stubb: «Er schlägt sich an die Brust, wozu nur? Mir scheint, sie dröhnt gewaltig, doch klingt sie innen hohl.» Das Böse ist ja selbst nichts, es tritt in Erscheinung als Negation, und das hat Stubb gut erkannt: Dass Ahab innerlich hohl ist. Um leben zu können, nimmt er den Tod der anderen in Kauf, braucht ihn vielleicht sogar lebensnotwendig.

Nein, Ahab ist kein angenehmer Held, aber auch er hat die Buchseiten schon vor langer Zeit verlassen und ist zu einer mythischen Gestalt geworden, die weiterlebt in der kollektiven Fantasie, wie Parzival, Werther, Kohlhaas und all die vielen anderen. Zuweilen konnte man glauben, diese Art von Heldenbildung sei von der Literatur vollkommen auf den Film übergegangen, aber «Harry Potter» hat bewiesen, dass auch der Roman immer noch blendend dazu taugt.

Was muss man über den Dichter wissen?

Neugier ist eine grundmenschliche Eigenschaft, und natürlich richtet sie sich auch auf die Urheber literarischer Texte, vor allem dann, wenn diese Texte und ihre Gestalten einen solchen Ruhm erlangt haben wie die im dritten Kapitel erwähnten. Man möchte wissen, was mit Goethe und Charlotte Buff in Wetzlar (es heißt, sie sei die Lotte in «Die Leiden des jungen Werthers») wirklich gewesen ist; man interessiert sich dafür, ob Flaubert mit einer Emma geschlafen hat; man will herausfinden, welche biografischen Umstände diesen Kleist in derart finstere Geschichten getrieben haben (und Kohlhaas ist bei weitem nicht die finsterste).

Ich gebe zu, dass auch mich derlei interessiert, und doch wehre ich mich gegen diese Art von Voyeurismus. Ich sehe ihn vor allem im heutigen Literaturbetrieb. Eigentlich ist es seltsam, dass wir Leser so oft den Drang verspüren, einen Autor, der uns mit seinem Werk beeindruckt, leibhaftig zu hören und zu sehen, als könnte uns erst die persönliche Bekanntschaft Aufschluss gewähren, als würden wir den Text erst richtig verstehen, wenn wir seinen Urheber verstünden. Tausende von Dichterlesungen (an denen Sie teilnehmen, an denen ich teilnehme) bezeugen diesen Drang, der insofern ein Missverständnis ist, als die sorgfältige Lektüre ein Werk entstehen lässt, an dem der Leser ebenso Anteil hat wie der Autor. Dessen Aussehen und persönliche Umstände tragen dazu wenig bei oder nichts.

Wie komme ich zu diesem harschen Urteil? Der große amerikanische Schriftsteller Henry James (er lebte 1843 bis 1916) schildert in seiner Erzählung «Das Muster im Teppich» einen jungen Kritiker, der den Roman eines berühmten Schriftstellers rezensiert hat und, als er ihn auf einer Abendgesellschaft endlich kennen lernt, begierig auf dessen Lob ist. Stattdessen muss er sich sagen lassen, er habe nichts verstanden. Als er verblüfft nachfragt, entgegnet der Autor, sein Werk habe ein Geheimnis, ähnlich einem Muster im Teppich. Das allerdings müsse der Kritiker selbst herausfinden. Der nun sucht fortan verzweifelt und erfolglos nach dem Geheimnis. Er begreift etwas Entscheidendes nicht: Das Muster im Teppich besteht darin, dass die Lektüre sein Ich bereichert, verändert und dem Gewebe seines Lebens ein neues Muster hinzufügt. Neidvoll beobachtet er, wie eine Freundin dieses Geheimnis glückhaft erfährt. Danach, so heißt es, habe sie nie mehr den Wunsch verspürt, dem Autor zu begegnen.

Den Voyeurismus behandelt James auch in seiner Erzählung «Die Aspern-Schriften». Der Ich-Erzähler ist ein glühender Verehrer des lange verstorbenen Dichters Jeffrey Aspern. Durch Zufall erfährt er, dass eine frühere Geliebte des Dichters noch lebt, nunmehr steinalt. Sie weigert sich aber, über ihre Affäre Auskunft zu geben. Also mogelt sich der Verehrer unter falschem Namen in ihre Nähe, scheut weder Geld noch Zeit, um ihre Bekanntschaft zu machen, und bezirzt ihre Nichte, eine ältliche Jungfer, von der er in Erfahrung bringt, dass die Alte im Besitz einiger Briefe und Manuskripte Asperns ist. Nunmehr steigert er seine Bemühungen und glaubt sich schon am Ziel seiner Wünsche, als er zu seiner Bestürzung merkt, dass die Nichte sein Werben ernst genommen und sich in ihn verliebt hat. Peinvoll flieht er, die Alte stirbt, die Nichte verbrennt den Nachlass.

Der alte Trick, den Leser zur Identifikation mit dem Ich-Erzähler zu bringen, funktioniert auch hier. Wir sehen unseren eigenen Voyeurismus erbärmlich bloßgestellt. Vor lauter Gier, Asperns Liebschaft auszuspähen, verrät der Literaturfreund nicht allein die Poesie, sondern einen unschuldigen Menschen.

Heute, in dieser Medienwelt, sind solche Skrupel unverständlich geworden, und nicht wenige Schriftsteller verstehen es, den Voyeurismus zu bedienen und daraus Nutzen zu ziehen. Sie bleiben im Gespräch, während andere, die sich ihm entziehen, dem Vergessen anheim fallen. Mit Literatur, das kann man bei Henry James lernen, hat das wenig zu tun.

Viertes Kapitel
Über gute Bücher mit schlechtem Ende

Wir nähern uns nun einem heiklen Thema, das jeden Leser früher oder später beschäftigen wird, vor allem dann, wenn er ein ungeübter Leser ist. Es lässt sich auf die Frage zuspitzen: Müssen gute Romane schlecht ausgehen? Sie haben wahrscheinlich selbst schon bemerkt, dass Trivialromane den Kinderwunsch, die erzählte Geschichte möge gut enden, ins Erwachsenenalter hinein verlängern und darauf hinwirken, dass der Held nach vielfach überstandener Gefahr glanzvoll in den heimatlichen Hafen einläuft und sich das Liebespaar, nachdem alle Missverständnisse und Nebenbuhler beseitigt sind, selig in die Arme sinkt. Es soll, so wünschen wir uns, doch wenigstens in der Literatur besser zugehen als im wirklichen Leben.

Wahr ist aber, dass es in den großen Romanen keineswegs besser zugeht. Und dass die gut ausgehenden Trivialromane zumeist deshalb unbefriedigend sind, weil sie es sich allzu leicht machen, leichter, als das Leben ist. Wobei natürlich die Frage, wie denn das wirkliche Leben sei, schwer zu beantworten ist. Im Alltag rechnen wir damit, dass die Suppe nicht anbrennt, dass uns die Autofahrt heil nach Hause bringt, dass die Liebe andauert und die Kinder gut geraten. Oftmals behalten wir glücklicherweise Recht mit unserer Zuversicht, die doch eigentlich unbegründet ist, denn wir wissen von Zeiten und Regionen, da nichts gewiss war oder ist außer dem jederzeit möglichen Unheil. Und manchmal überfällt uns heimlich die Angst, es werde auch uns erreichen – wenn das nicht auf die eine oder andere Weise schon passiert ist.

Es mag sein, dass diese Furcht uns auch beim Lesen begleitet. Aber es gibt, soweit ich das beobachten kann, zwei entgegengesetzte Reaktionsweisen. Die erste: Man fürchtet im fürchterlichen Ende einer Erzählung die Bestätigung seiner dunklen Ahnungen oder gar Erfahrungen. Dann erträgt man düstere Romanausgänge nur schwer. Die zweite: Man begreift diese Bücher als eine Möglichkeit, sich mit seinen Ängsten auseinander zu setzen. Was man insgeheim befürchtet, geschieht, aber es geschieht nicht im eigenen Leben, sondern im gelesenen Buch, und das erleichtert einen. Oder man sieht, dass die dunklen Triebe, die man in sich selbst spürt, stellvertretend ausgelebt werden, so dass man sich ein bisschen befreit fühlen darf.

Ich will diese seelischen Vorgänge nicht näher betrachten, das wäre ein anderes und kompliziertes Thema. Es stimmt wohl, dass das Lesen gewaltige psychische Kräfte freisetzen kann, und dieser Prozess ist nicht leicht vorhersehbar oder gar planbar. Ich glaube aber, dass der geübte Leser eher zur zweiten Reaktionsweise neigt, denn anders wäre er kein geübter Leser. Wahr ist nämlich, dass nicht wenige bedeutende Romane, um es banal auszudrücken, schlecht enden. Werther und Madame Bovary begehen Selbstmord; die Helden in den Romanen Dostojewskis und Tolstois scheitern oder sterben fast allesamt; Ahab geht unter mitsamt der Mannschaft; Franz Biberkopf kriegt, obwohl er sich größte Mühe gibt, nie ein Bein auf den Boden (Döblins «Berlin Alexanderplatz»); Effi Briest wird schuldlos unglücklich (Fontane); Josef K., obwohl er nie ein ordentliches Verfahren bekam, wird am Ende anonym hingerichtet (Kafkas «Prozeß»).

Ich breche die Liste hier ab, denn Sie haben längst begriffen, dass literarische Werke selten geschrieben werden, um Augenblicke des Glücks zu dokumentieren. Wer glücklich ist, muss keine Bücher schreiben. Es gibt allerdings interessante Ausnahmen. Die mittelalterlichen Heldenepen (mit wiederum der Ausnahme des frühmittelalterlichen «Nibelungenlieds») gehen gut aus, weil sie Lehrgedichte sind. Sie unterwerfen ihre Helden einem Erziehungsprogramm, dessen Richtigkeit durch die Bekehrung und den Erfolg bestätigt wird. Parzival, wie im vorigen Kapitel gezeigt, wird Gralskönig, der arme Heinrich (Hartmann von Aue) wird gesund. Noch die späten Nachschöpfer wie J. R. Tolkien («Der Herr der Ringe») oder Joanne K. Rowling («Harry Potter») bewegen sich in dieser Tradition. Je größer die Gefahr, desto wahrscheinlicher, dass der Held obsiegt. Ähnlich wie Lehrgedichte funktionieren auch die allerersten Romane, etwa der «Tristram Shandy» von Laurence Sterne (1759 bis 67) oder der «Tom Jones» von Henry Fielding (1749). Hier kommt es gar nicht so sehr auf das erfreuliche Ende an, sondern auf den Diskussions- und Erfahrungsprozess, den der Held, meist in Zwiesprache mit dem Leser, zu beider Nutzen durchläuft.

Es scheint ein Merkmal der modernen Literatur zu sein (und diese Moderne beginnt etwa Ende des 18. Jahrhunderts), dass die Gewissheit, man könne durch Befolgung der richtigen Lehre dem allseits lauernden Ungewissen entkommen, geschwunden ist. Und nun ist alles offen. Der Roman wird zum Ort grenzenloser Heils- und vor allem Unheilserwartung. Das aber ist gerade das Spannende.

Wir sind nun an einem Punkt angelangt, an dem wir die leichteren Wege hinter uns gelassen haben und uns anschicken, jene zuweilen schwierigen Pfade zu beschreiten, von denen wir hoffen, dass sie uns zu den Gipfeln der Romankunst führen. Ob sich das lohnt, werden Sie nach und nach sehen, aber ich weise schon jetzt darauf hin, dass diese Wege nicht ohne Risiko sind. Manchmal führen sie in den Abgrund. Den sollten Sie nicht fürchten, sondern bedenken, dass es leider Abgründe gibt, und dass es immer noch besser ist, sich ihnen lesend zu nähern als wirklich.

Die Literatur ist auch ein Mittel, manchmal das einzige, der nachtschwarzen Fantasien und Ängste, die Ihnen nicht fremd sein dürften, auf künstlerische Weise Herr zu werden. Da wird etwas Verbotenes, etwas Ungeheuerliches ausprobiert, ausagiert, und nicht selten verrät dieser Vorgang die Hoffnung, es möge das Schreckliche dadurch, dass es in der literarischen Gestalt gebannt wird, nicht wirklich werden müssen. Sie kennen vielleicht eine der berühmtesten Horrorgeschichten, Edgar Allan Poes Erzählung «Die Grube und das Pendel» (1842), deren Held oder vielmehr Opfer auf einem Tisch festgeschnallt ist und beobachtet, wie das über ihm schwingende Pendel mit der messerscharfen Scheibe an seinem Ende sich allmählich niedersenkt und schon dabei ist, eine der Ratten, die auf ihm umherkriechen, zu zerschneiden. Dieser Alptraum immerhin musste nicht Wirklichkeit werden.

Die Beispiele, die ich Ihnen jetzt vorführen will, haben mit dem Thema der Verletzbarkeit und Verletzung des Körpers zu tun. Die Verletzung kann aus manchen Gründen geschehen. Aus Liebe zum Beispiel. Aber Liebe ist auch nur ein Wort. Denn Liebe kann vielerlei Gestalt annehmen. Sie kann sich in blanke Gewalt verkehren. Sie kann als pervertierte Form des Wunsches nach Erkenntnis auftreten. Und dieser Erkenntniswunsch kann sich als Machtbedürfnis, als Kontrollbedürfnis entlarven. Die Liebe kann sich schließlich, wenn ihr die friedliche Erfüllung versagt bleibt, in einen hellen, heißen Vernichtungswahn hineinsteigern. Schließlich aber, und das ist vielleicht das Erstaunlichste, das Bedrückendste, kann es dahin kommen, dass die Verletzung des Körpers sich ereignet, dass sie passiert, ohne dass Gründe dafür angegeben werden können.

Der Roman «Fluß ohne Ufer» von Hans Henny Jahnn beginnt mit einem Verbrechen. Der Leichtmatrose Alfred Tutein ermordet Ellena, die Verlobte Gustavs. Er stößt ihr das Knie in den Mund und erdrosselt sie. Den Leichnam versteckt er in den Laderäumen des Schiffes. Aus Furcht, der Verwesungsgeruch könnte zur Aufdeckung der Untat führen, übergießt er die Leiche mit Holzteer. Im Text heißt es:

Über das Antlitz Teer. Über die Brüste Teer. In den unordentlich bekleideten, aufgedunsenen Schoß Teer. Er behing die Wehrlose mit den groben Fetzen, zog ihr einen weiten Mehlsack über den Oberkörper. Und entleerte den Rest der Kanne über das hingestauchte Bündel aus Sacktuch, Papier und Fleisch.

Die Tat hat kein Motiv. Jahnn schreibt:

Alfred Tutein sagte mit erstickter Stimme, alle Schuld sei plötzlich. Sie eile den frevelhaften Entschlüssen voraus. Gedanken, das sei Traum. Wie kriechende Schnecken. Die

handelnden Hände hinterließen das Sichtbare. Er brach
verstört ab.

Nach dem Untergang des Schiffes finden die Überleben-
den Rettung an Bord eines Frachters. Dort gesteht Tutein
sein Verbrechen dem Verlobten Ellenas. Ich nehme an,
dass Sie diesen Roman, der erstmals 1949 erschien und
mehr als zweitausend Seiten umfasst, nicht kennen. Damit befinden Sie sich insofern in guter Gesellschaft, als
dieser Roman zu den ungehobenen Schätzen der deutschen Literatur zählt (und man weiß, was Schatzsucher
manchmal finden: zerbrochene Vasen, wertlose Mün-
zen). In seinem ersten Teil, im «Holzschiff», begibt sich
der junge Gustav Anias Horn an Bord der Lais, um seine
Verlobte, die Tochter des Kapitäns, auf einer Seereise zu
begleiten. Das Schiff segelt in geheimer Mission, das Ziel
ist unbekannt. Nicht einmal der Kapitän kennt Ladung
und Bestimmungsort.

Es ereignen sich an Bord einige rätselhafte Dinge. Die
abergläubische Mannschaft begehrt auf, eine Atmosphäre
des Misstrauens, des Verdachts breitet sich aus. Da verschwindet Ellena. Ein Sturm zieht auf, Meuterei ergreift
Besitz von der Mannschaft. Sie dringt in die verschlossenen Laderäume ein. Man findet leere Holzkisten. Auf der
Suche nach Ellena stoßen die Meuterer auf eine hinter
Planken verborgene metallene Verkleidung, vielleicht
eine Tür. Dahinter vermutet man die Lösung des Rätsels.
Die Matrosen bemächtigen sich eines Balkens und rammen den Eingang. Und nun geschieht es:

Der Balken pendelte schnell hin und her. Die Stöße waren
hart. Gustavs Augen glommen auf. Neben dem Gedröhn

gab es plötzlich einen klingenden Scherbenlaut, wie wenn ein großer Spiegel herabfällt und zerbricht. Die Männer horchten auf. In der gleichen Sekunde, Gustav glaubte seinen Augen mißtrauen zu müssen, stürzte blank, vergleichbar dem frischen Kamm einer anspringenden Welle, hinter der aufgeschlitzten Holzwand Wasser hervor.

Die Mannschaft rettet sich in Boote und beobachtet voller Entsetzen den Untergang des Schiffs:

Senkrecht über dem Wasser, stehend, den treibenden Booten zugewandt, eine halbe Minute lang oder eine ganze, zeigte sich die Galeonsfigur. (...) Niemand entsann sich, sie vorher gesehen zu haben. Ein Bild wie aus gelbem Marmor. Eine Frau. Statue einer schimmernden, rauh behäuteten Göttin. Venus anadyomene. Die Arme, nach rückwärts geschlagen, verfingen sich in braunes, meerumrauchtes Holz, die üppigen Schenkel umklammerten den stolzen Baum des Kiels. Ein mächtiger, verführerischer Gesang zu den Männern hinüber. Eine dreiste Verheißung strotzender Brüste. Dann war die Erscheinung verschwunden.

Das Schiff, der Körper der Frau bergen ein Geheimnis. Der Wunsch, dieses Geheimnis zu enträtseln, ist kindlich, und er ist männlich. Er verrät ein totales, ein totalitäres Kontrollbedürfnis. Er erträgt es nicht, dass da ein Geheimnis ist. Indem er es zerstört, zerstört er sich selbst. Gewaltsam dringen die Matrosen in den Bauch des Schiffes, in den Leib des Weibes ein, sie öffnen ihn, zerschlagen ihn und bereiten sich selbst den Untergang. Der folgende Hauptteil, «Die Niederschrift des Gustav Anias Horn», ist eigentlich nichts anderes als der erfolglose Versuch, die unmotivierte Untat Tuteins, der Gustavs Freund wird, abzubüßen.

Einem anderen, weniger brutalen Penetrationsversuch begegnen wir im Schloss-Roman von Kafka. Ist es verwegen, das Schloss als den weiblichen Körper zu interpretieren? Die obszöne Nebenbedeutung des Schlosses wird gleich zu Beginn des Romans deutlich. Der Landvermesser K. trifft den Dorfschullehrer auf der Straße, umringt von Kindern. K. fragt ihn, ob er den Grafen kenne:

«Wie sollte ich ihn kennen?» sagte der Lehrer leise und fügte laut auf französisch hinzu: «Nehmen Sie Rücksicht auf die Anwesenheit unschuldiger Kinder.»

K. scheut keine noch so verzweifelte Anstrengung, in dieses Schloss einzudringen. Alles scheint für ihn davon abzuhängen, dass er einen maßgeblichen Beamten der Schlossbehörde trifft, der ihm seine Aufenthaltsberechtigung (womöglich die Daseinsberechtigung) bestätigt. Das Schloss liegt oben auf dem Berg, seine Umrisse sind nur zu erahnen, seine Gestalt erscheint diffus. Als K. sich mühsam auf der Dorfstraße durch tiefen Schnee nach oben kämpft, befällt ihn eine abgründige Mattigkeit, und er gibt einstweilen auf. Diese Impotenz im möglicherweise entscheidenden Augenblick ergreift ihn immer wieder, bis hin zu jener komischen Szene, als K. zufällig einem redseligen und offenbar hilfsbereiten Schlossbeamten begegnet und während des Gesprächs einschläft. K. kommt nicht ans Ziel, das Geheimnis des Schlosses wird umso undurchdringlicher, je mehr er darüber in Erfahrung bringt.

Wir können seine Begierde auch als den Wunsch nach Erkenntnis begreifen. So wie die Matrosen an Bord der Lais einfach nur wissen wollen, was es mit der Mission des Schiffes auf sich hat. Aber der Gewinn von Erkenntnis und die Anwendung von Gewalt schließen einander nicht aus. Das hat zum Beispiel Georg Büchner gewusst. In der ersten Szene seines gewaltigen Dramas über die Französische Revolution «Dantons Tod» (1835) sagt Julie: «Du kennst mich, Danton.» Und der entgegnet:

> Ja, was man so kennen heißt. Du hast dunkle Augen und lockiges Haar und einen feinen Teint und sagst immer zu mir: lieb Georg. Aber *(er deutet ihr auf Stirn und Augen)* da da, was liegt hinter dem? Geh, wir haben grobe Sinne. Einander kennen? Wir müßten uns die Schädeldecken aufbrechen und die Gedanken einander aus den Hirnfasern zerren.

In seinem aus Dichtung und Wahrheit gemischten Roman «Lenins Hirn», erschienen 1991, erzählt Tilman Spengler die Geschichte des deutschen Neurologen Oskar Vogt, der nach Moskau gerufen wurde, um das Gehirn des toten Lenin zu sezieren. Vogt, der 12 000 Hirnpräparate angefertigt haben soll, hat versucht, den Körper im Schnitt zu erfassen, ihn in Scheiben zu zerschneiden, um die Wahrheit zu finden. Er hat wirklich versucht, die Gedanken aus den Hirnfasern zu zerren. Gefunden hat er sie nicht. Dantons Bemerkung ist ja auch kein Ratschlag. Sie verrät die geläuterte Skepsis des Revolutionärs, der den Terror der Tugend und den Exzess der Vernunft stoppen will. Das Drama zeigt sein Scheitern. Der Wille zur Erkenntnis ist nie frei von der Gefahr, das scheinbar zweifelsfrei Erkannte absolut zu setzen, es zum Gesetz zu erheben, in dessen Namen gerichtet werden darf.

Ein ähnlicher Fall, eine Variante von schwärzester Absurdität ist jener Offizier in Kafkas «In der Strafkolonie»

(1914), der im Namen seines verstorbenen Kommandanten eine Hinrichtungsmaschine betreibt. Ihr Zweck liegt darin, dem Verurteilten das Urteil wortwörtlich auf den Leib zu schreiben. Der Gefolterte erfährt die Wahrheit durch den Schmerz. Denn der Schmerz gebiert Erkenntnis. Dem Reisenden, der die Strafkolonie besucht, erklärt der Offizier die Maschine mit den folgenden Worten:

> Begreifen Sie den Vorgang? Die Egge fängt zu schreiben an; ist sie mit der ersten Anlage der Schrift auf dem Rücken des Mannes fertig, rollt die Watteschicht und wälzt den Körper langsam auf die Seite, um der Egge neuen Raum zu bieten. (…) So schreibt sie immer tiefer die zwölf Stunden lang. Die ersten sechs Stunden lebt der Verurteilte fast wie früher, er leidet nur Schmerzen. Wie still wird dann aber der Mann um die sechste Stunde! Verstand geht dem Blödesten auf. Um die Augen beginnt es. Von hier aus verbreitet es sich. Ein Anblick, der einen verführen könnte, sich mit unter die Egge zu legen. Es geschieht ja nichts weiter, der Mann fängt bloß an, die Schrift zu entziffern. (…) Es ist allerdings viel Arbeit; er braucht sechs Stunden zu ihrer Vollendung. Dann aber spießt ihn die Egge vollständig auf und wirft ihn in die Grube, wo er auf das Blutwasser und die Watte niederklatscht.

Der Reisende, der als Beobachter der bevorstehenden Exekution geladen ist, stellt ein paar einfache Fragen. Kennt der Delinquent das Urteil? Nein, sagt der Offizier. «Es wäre nutzlos, es ihm zu verkünden. Er erfährt es ja auf seinem Leib.» Aber, so wendet der Reisende ein, er müsse doch Gelegenheit gehabt haben, sich zu verteidigen. Nein, sagt der Offizier, und er erklärt, er sei hier in der

Strafkolonie zum Richter bestellt. «Der Grundsatz nach dem ich entscheide, ist: Die Schuld ist immer zweifellos.» Dieser Satz hat natürlich seine religiöse Bedeutung, aber das Bedrückende an dieser Geschichte ist die Verbindung des Religiösen mit dem Politischen. Kafka nimmt vorweg, was später in den Ideologien der Nazis und der Kommunisten furchtbare Wirklichkeit wurde. Wer das Gesetz der Geschichte zu kennen glaubt, der glaubt sich im Recht, über Leben und Tod zu befinden. Er maßt sich göttliche Gewalt an.

Was Büchner und Kafka vorausgewusst haben, wissen wir heute endlich auch. Aber die Dichter sind nicht bloß hellsichtige Philosophen. Sie zeigen, wie Gewaltfantasie und Beherrschungswahn notwendig auf den Exzess zusteuern, wie diese Omnipotenzgelüste sich materialisieren und körperlich werden, wie sie schließlich nicht anders können, als den Körper aufzuschneiden, um ihn gänzlich zu unterwerfen, um ihn auf eine Weise zu durchdringen, die zur Auslöschung führt – und zwar nicht nur zur Auslöschung des Objekts, sondern auch des Subjekts. So, wie die Matrosen der Lais, indem sie unwillentlich das Schiff zerstören, sich selbst um den Ort ihres Lebens bringen, und so, wie der Offizier, um dem vermeintlichen Gesetz Genüge zu tun, sich am Ende selbst unter den Apparat legt und sich von ihm zerstückeln lässt.

Sind das alles nur Männerfantasien? Reden wir zur Abwechslung nicht von der Macht, sondern von der Liebe. Achill liebt Penthesilea, und Penthesilea liebt Achill (in Heinrich von Kleists Tragödie, 1807). Aber beide sind sie die Anführer feindlicher Heere. Also geht es in dieser Liebe auch um Macht. Achill, noch ganz in der Pose des omnipotenten Mannes, sagt zu Beginn:

> Mich einen Mann fühl ich, und diesen Weibern,
>
> Wenn keiner sonst im Heere, will ich stehn!
>
> (...)
>
> Was *mir* die Göttliche begehrt, das weiß ich;
>
> Brautwerber schickt sie mir, gefiederte,
>
> Genug in Lüften zu, die ihre Wünsche
>
> Mit Todgeflüster in das Ohr mir raunen.
>
> (...)
>
> Doch müßt ich auch durch ganze Monden noch,
>
> Und Jahre, um sie frein: den Wagen dort
>
> Nicht ehr zu meinen Freunden will ich lenken,
>
> Ich schwörs, und Pergamos nicht wiedersehn,
>
> Als bis ich sie zu meiner Braut gemacht,
>
> Und sie, die Stirn bekränzt mit Todeswunden,
>
> Kann durch die Straßen häuptlings mit mir schleifen.

Tötungswunsch und Liebesmetaphorik verknüpfen sich schon hier am Anfang, da Achill vorerst nur durch ihre Liebe zur Macht und noch nicht durch die Macht der Liebe gefesselt ist, auf bizarrste Weise. Aber Penthesilea, die Kriegerische, liebt, und sie liebt auf ihre kriegerische Art:

> Ists meine Schuld, daß ich im Feld der Schlacht
>
> Um sein Gefühl mich kämpfend muß bewerben?
>
> Was will ich denn, wenn ich das Schwert ihm zücke?
>
> Will ich ihn denn zum Orkus niederschleudern?
>
> Ich will ihn ja, ihr ewgen Götter, nur
>
> An diese Brust will ich ihn niederziehn!

Man hat ja schon davon gehört, dass zwei sich lieben und nicht zueinander kommen; auch ist das Ineinandertau-

meln von Krieg und Liebe, von Eros und Tod des Öfteren
dargestellt worden. Aber so wie in Kleists Tragödie nie
vorher und nie nachher. Denn Penthesilea, auf den Tod
gekränkt durch ihre eigene Schwäche, als die ihr die
Liebe erscheint, und mehr noch gekränkt durch die
Schwäche des liebenden Achill, der diese Schwäche auf
kränkende Weise nicht begreift, tötet den Geliebten, und
indem sie ihn tötet, liebt sie ihn. Sie liebt ihn ganz konkret, sie penetriert ihn auf die ungeheuerlichste Weise.
Hier die entscheidende Passage:

Und da er eben, die Gezweige öffnend,
Zu ihren Füßen niedersinken will:
Ha! sein Geweih verrät den Hirsch, ruft sie,
Und spannt mit Kraft der Rasenden, sogleich
Den Bogen an, daß sich die Enden küssen,
Und hebt den Bogen auf und zielt und schießt,
Und jagt den Pfeil ihm durch den Hals; er stürzt:
(…)
Er, in dem Purpur seines Bluts sich wälzend,
Rührt ihre sanfte Wange an, und ruft:
Penthesilea! meine Braut! was tust du?
Ist dies das Rosenfest, das du versprachst?
Doch sie – die Löwin hätte ihn gehört,
Die hungrige, die wild nach Raub umher,
Auf öden Schneegefilden heulend treibt;
Sie schlägt, die Rüstung ihm vom Leibe reißend,
Den Zahn schlägt sie in seine weiße Brust,
Sie und die Hunde, die wetteifernden.

Das ist fürchterlich, wohl wahr. Aber ich hoffe, Sie sehen
auch die ungeheure sprachliche Kraft, mit der Kleist das

Ungeheure beschrieben hat. Ich weiß keinen auch nur irgendwie vergleichbaren Schriftsteller, und Sie sollten, wenn Sie ihn nicht kennen, seine Novellen lesen, die «Marquise von O…», ein wahres Wunderwerk, oder den im dritten Kapitel erwähnten «Michael Kohlhaas».

Kleist hat seine «Penthesilea» an Goethe geschickt, und zwar, wie er in einem Brief vom 24. Januar 1808 schreibt, «auf den Knien meines Herzens». Mag sein, dass schon diese halsbrecherische Metapher Goethes Befremden erregte, jedenfalls schrieb er postwendend zurück, nämlich eine Woche später: «Mit der Penthesilea kann ich mich noch nicht befreunden.» Die unverblümte Absage wird allenfalls durch das Wörtchen «noch» etwas gemildert, was aber mehr als eine Höflichkeitsformel nicht sein kann. Denn mit der Penthesilea kann man sich in der Tat nicht befreunden. Es ist ja nicht nur der schiere Kannibalismus, der die Rasende dazu treibt, den Körper des Geliebten mit den Zähnen aufzureißen, zu zerfleischen und sich dergestalt den geliebten Leib einzuverleiben. Es kommt etwas wahrhaft Bestialisches hinzu, denn Penthesilea wetteifert, wie es heißt, mit den Hunden, die sie auf Achill gehetzt hat: Hund und Mensch, Zahn und Zahn, und also Untermensch und Untertier, denn Kleist sagt mit unüberbietbarer Schärfe, sogar die hungrige Löwin hätte sich des flehenden Achills erbarmt. Dass Menschen so sein können, wissen wir, wenngleich wir es oft genug nicht wahrhaben wollen.

Die vorgeführten Beispiele nähern sich dem großen Tabu von der Unverletzlichkeit des Individuums. Dass die Würde des Menschen unantastbar sei, wie es etwa das Grundgesetz postuliert, schließt ja die bittere Wahrheit ein, dass sie eben doch antastbar ist. Immer wieder hören und lesen wir von Menschen, die solche finsteren Fantasien des Aufschneidens, Eindringens, Zerstückelns auf entsetzliche Weise ausleben. Der Ethnologe Hans Peter Duerr hat in seinem mehrbändigen Werk «Der Mythos vom Zivilisationsprozeß» (1988 bis 93) zahllose Belege dafür zusammengetragen, dass wir solche Gewalt als die unmenschliche Konstante der Menschheitsgeschichte betrachten müssen. Folglich hat auch die Literatur damit zu tun. Aber Literatur ist ja selten bloß Nachahmung oder gar Verdoppelung der Realität. Literatur kann Erkenntnis fördern, nämlich ästhetische Erkenntnis. Sie stellt ein Alsob her und setzt es an die Stelle des scheinbaren Zwangs «Ich kann nicht anders». Sie erlaubt den Fantasien, ans Licht zu treten, ohne wirklich werden zu müssen.

Sie sehen, lieber Leser, dass die Literatur keineswegs nur der Ort des Schönen ist, jedenfalls dann nicht, wenn man unter dem Schönen versöhnte Ruhe und harmonischen Ausgleich versteht. Rainer Maria Rilke sagt in seiner ersten Duineser Elegie, das Schöne «sei nichts als des Schrecklichen Anfang, das gelassen verschmäht, uns zu zerstören». Hier erscheint das Schöne als das gottähnlich Andere, als der Engel (der in Rilkes Werk eine bedeutende Rolle spielt), und wir, die kümmerlich Irdischen, können seinen Anblick nicht ertragen.

Es hat also seine Gründe, dass sich die Literatur immer auch den Abgründen nähert, und das kann nicht anders sein, da sie, wie alle Künste und wie die Philosophie, danach trachtet, das unergründliche Wesen des Menschen und seine Bestimmung zu ergründen. «Vieles ist ungeheuer, nichts ungeheurer als der Mensch», sagt Sophokles in seiner «Antigone» (440 v. Chr.). Das ist keine angenehme Erkenntnis, aber Erkenntnisse sind eben nicht

immer angenehm. Und deshalb gibt es eine große Überlieferung in der Literatur, die die Wahrheit im Finsteren,
im Absurden sucht. Vielleicht haben Sie jetzt genug davon gehört, um selbst zu sehen und zu erfahren, wie Sie
damit umgehen wollen.

Vierte Pause
Wo bleibt das Positive?

Gibt es denn gar nichts zum Lachen? O ja, das schon.
Sie finden es zum Beispiel bei Flann O'Brien, den Harry
Rowohlt wunderbar übersetzt hat. Das ist absurder Witz in
seiner höchsten Form. Oder, wenn Sie es lieber derb und
konkret mögen, dann lesen Sie «Die falsche Kiste» (1889)
von Robert Louis Stevenson (von dem, der «Die Schatzin-
sel» geschrieben hat), ein Roman der köstlichsten Verwirrungen und Missverständnisse. Die Engländer und die
Iren sind bekannt für ihren Humor, auch die Tschechen.
Hier sind die «Abenteuer des braven Soldaten Schwejk»
(1921 bis 23) von Jaroslav Hašek berühmt, auch Bohumil
Hrabals Roman «Ich habe den englischen König bedient»
(1971). Aber diese beiden sind komisch und zum Lachen
nur zur Hälfte. Die andere ist bitter und böse.

Bevor ich anfange, die lange Liste der komischen Romane aufzuzählen (darunter wäre auch Italo Calvino,
doch darüber mehr im achten Kapitel), bevor ich also
damit anfange, lasse ich es lieber, denn ich müsste Sie
zuerst fragen, was Sie komisch finden und wann und wor-
über Sie lachen. Und wenn Sie darüber nachdenken, werden Sie bemerken, dass verschiedene Menschen über
ganz Verschiedenes lachen. Man konnte das nach der

deutschen Wiedervereinigung gut beobachten. Die Ostdeutschen haben den Witz der Westdeutschen oft nicht verstanden, sie fanden ihn zynisch oder billig. Die Westdeutschen wiederum fanden den Witz der Ostdeutschen abgestanden oder einfältig. Ein Vergleich der beiden satirischen Zeitschriften, der «Titanic» (West) und des «Eulenspiegels» (Ost), würde das deutlich machen.

Das ist das eine Problem. Und das andere besteht darin, dass die deutsche Literatur eigentlich keine Heimstatt des Humors ist, jedenfalls nicht im Roman. Es gibt eine große Zahl komischer Gedichte und komischer Dichter, von Wilhelm Busch bis Morgenstern und Ringelnatz, nicht zu vergessen Ernst Jandl und Peter Rühmkorf. Der selbst große und komische Lyriker Robert Gernhardt hat immer wieder darauf hingewiesen. Es gibt große Komödien (den «Zerbrochenen Krug» von Kleist, «Leonce und Lena» von Büchner), obgleich auch hier schwerelose Heiterkeit selten ist. Und natürlich haben wir den schlagenden, erhellenden Witz eines Georg Christoph Lichtenberg und seiner «Sudelbücher». Aber wirklich komische deutsche Romane wüsste ich nur wenige zu nennen, wobei ich zugebe, dass es gerade unter den gegenwärtigen Autoren eine Reihe erheblicher Komiker gibt, Eckhard Henscheid etwa und seine «Trilogie des laufenden Schwachsinns», Ernst Augustin und Ror Wolf, Martin Mosebach und Katja Lange-Müller. Aber auch hier gilt, dass sich der amüsierte Leser auf einem doppelten Boden bewegt, unter dessen Oberfläche das Bizarre und nicht ganz Geheure lauert.

Es fragt sich, ob Literatur der genuine Ort des Amüsements ist. Sie ahnen, wie meine Antwort lautet: Eher nein. Aus den im vorigen Kapitel beschrieben Gründen.

Wer bestens gelaunt ist – warum sollte der die Mühsal des Schreibens auf sich nehmen? Lachen kann man anderswo schneller als in der Literatur.

Erich Kästner hat 1930 das folgende Gedicht geschrieben, das ich vollständig zitiere, weil man meist nur die erste Strophe kennt:

Und wo bleibt das Positive, Herr Kästner?

Und immer wieder schickt ihr mir Briefe,
in denen ihr, dick unterstrichen, schreibt:
«Herr Kästner, wo bleibt das Positive?»
Ja, weiß der Teufel, wo das bleibt.

Noch immer räumt ihr dem Guten und Schönen
den leeren Platz überm Sofa ein.
Ihr wollt euch noch immer nicht dran gewöhnen,
gescheit und trotzdem tapfer zu sein.

Ihr braucht schon wieder mal Vaseline,
mit der ihr das trockene Brot beschmiert.
Ihr sagt schon wieder, mit gläubiger Miene:
«Der siebente Himmel wird frisch tapeziert!»

Ihr streut euch Zucker über die Schmerzen
und denkt, unter Zucker verschwänden sie.
Ihr baut schon wieder Balkons vor die Herzen
und nehmt die strampelnde Seele aufs Knie.

Die Spezies Mensch ging aus dem Leime
und mit ihr Haus und Staat und Welt.
Ihr wünscht, daß ich's hübsch zusammenreime,
und denkt, daß es dann zusammenhält?

Ich will nicht schwindeln. Ich werde nicht schwindeln.
Die Zeit ist schwarz, ich mach euch nichts weis.
Es gibt genug Lieferanten von Windeln.
Und manche liefern zum Selbstkostenpreis.

Habt Sonne in sämtlichen Körperteilen
und wickelt die Sorgen in Seidenpapier!
Doch tut es rasch. Ihr müßt euch beeilen.
Sonst werden die Sorgen größer als ihr.

Die Zeit liegt im Sterben. Bald wird sie begraben.
Im Osten zimmern sie schon den Sarg.
Ihr möchtet gern euren Spaß dran haben ...?
Ein Friedhof ist kein Lunapark.

Wenn Sie genau hinsehen, so werden Sie bemerken, dass
dies ein sehr komisches Gedicht über das äußerst Nicht-
komische ist. Die Lage ist ernst, vielleicht hoffnungslos
(wir schreiben das Jahr 1930, die Nazis sind da, die Welt-
wirtschaftskrise war eben), aber der Dichter fasst sie in
verzweifelt muntere Pointen. Man nennt derlei Galgen-
humor.

Fünftes Kapitel
Über Anfänge – und was sie bedeuten

Friedrich Schiller hielt am 26. Mai 1789 in Jena seine akademische Antrittsrede. Er hatte dort eine übrigens nicht bezahlte Professur für Geschichte. Der Titel seiner berühmt gewordenen Rede lautet: «Was heißt und zu welchem Ende studiert man Universalgeschichte?» Darin zeigt er seinen künftigen Studenten, wie wir alle auf den Schultern unserer Vorfahren stehen. Er sagt:

> Selbst in den alltäglichsten Verrichtungen des bürgerlichen Lebens können wir es nicht vermeiden, die Schuldner vergangener Jahrhunderte zu werden; die ungleichartigsten Perioden der Menschheit steuern zu unsrer Kultur bei, wie die entlegensten Weltteile zu unserm Luxus. Die Kleider, die wir tragen, die Würze an unsern Speisen, viele unsrer kräftigsten Heilmittel, und ebenso viele neue Werkzeuge unsers Verderbens – setzen sie nicht einen Kolumbus voraus, der Amerika entdeckte, einen Vasco de Gama, der die Spitze von Afrika umschiffte?

Aus dieser Tatsache leitet nun Schiller nicht allein die Notwendigkeit ab, die Geschichte zu kennen, deren vorläufiges Endprodukt wir sind, sondern auch die Verpflichtung, unseren Nachkommen diese Kenntnis zu überliefern. Er sagt nämlich:

Unser menschliches Jahrhundert herbeizuführen haben sich – ohne es zu wissen oder zu erzielen – alle vorhergehenden Zeitalter angestrengt. Unser sind alle Schätze, welche Fleiß und Genie, Vernunft und Erfahrung im langen Alter der Welt endlich heimgebracht haben. Aus der Geschichte erst werden Sie lernen, einen Wert auf die Güter zu legen, denen Gewohnheit und unangefochtener Besitz so gern unsre Dankbarkeit rauben. Und welcher unter Ihnen könnte dieser hohen Verpflichtung eingedenk sein, ohne daß sich ein stiller Wunsch in ihm regte, an das kommende Geschlecht die Schuld zu entrichten, die er dem vergangenen nicht mehr abtragen kann? Ein edles Verlangen muss in uns entglühen, zu dem reichen Vermächtnis von Wahrheit, Sittlichkeit und Freiheit, das wir von der Vorwelt überkamen und reich vermehrt an die Folgewelt wieder abgeben müssen, auch aus unsern Mitteln einen Beitrag zu legen, und an dieser unvergänglichen Kette, die durch alle Menschengeschlechter sich windet, unser fliehendes Dasein zu befestigen.

Unser fliehendes Dasein zu befestigen – ist das nicht schön bemerkt? Aber auch sehr richtig, denn, wie Jean-Paul Sartre einmal gesagt hat, je suis mon passé, ich bin meine Vergangenheit. Du kannst nur wissen, wer du bist, wenn du weißt, wo du herkommst. Dein Herkommen aber beschränkt sich nicht auf den Geburtsort und die Familie, es schließt die Sprache ein und die Kultur – die Geschichte also jenes Raumes, in dem du dich bewusst oder meist unbewusst bewegst.

Aus diesem Grund halte ich es für notwendig, auch die Literatur dieses kulturellen Raumes zu kennen. Ein bisschen zumindest, denn kaum einer kann sie vollständig kennen, und das muss auch nicht sein. Man sollte eine Vorstellung davon haben, was diese Literatur bedeutet und was sie verkörpert, wobei ich damit keineswegs nur die deutsche meine. Die deutsche Literatur (die deutschsprachige, um genauer zu sein) wäre nichts ohne die Wurzeln, aus denen sie kommt, und ohne die erheblichen Einflüsse anderer Literaturen. Die Wurzeln sind einfach zu benennen: Es ist die Antike (jahrhundertelang sprachen die Gebildeten unseres Kulturkreises lateinisch); und es ist die jüdisch-christliche Überlieferung, mit einem Wort: die Bibel (ich will Ihnen nicht zu nahe treten, aber von der sollten Sie eine Ahnung haben). Und die Einflüsse sind ebenfalls nicht schwer herauszufinden: Es ist vor allem die französische und die englische Literatur, letztere zumal, denn der Roman ist eine englische Erfindung.

Die Literatur ist aber deshalb wichtig, weil sie ein hervorragendes Medium der Überlieferung ist. In den Mythen und Märchen, in den Dramen und Epen erzählt sie uns von der Geschichte, aus der wir kommen. Sie hat das übrigens schon vor der Erfindung des Buchdrucks getan, und sie hat, als es ihn noch nicht gab, selbstverständlich darauf vertrauen müssen, dass die Menschen das Überlieferte einander weitererzählen. Damit ihnen das leichter fiel, waren die großen Epen in «gebundener Rede» gefasst (so der Fachausdruck), sie hatten also Rhythmus oder Reim und oftmals beides. Sie erinnern sich vielleicht an die Schulzeit, da es immer leichter war, einen Vers auswendig zu lernen als eine Formel.

Der Schriftsteller Ludwig Harig hat einmal gesagt: Nur der erzählende Mensch sei ein Mensch, und nur der erzählte Mensch sei ein Mensch. Die Literatur – und auf andere Weise die Malerei, auf wieder andere die Musik –, die

Literatur ist die Geschichte des erzählenden und des erzählten Menschen.

«Andra moi enepe mousa…» – so beginnt die «Odyssee», eine der ältesten und folgenreichsten Mythen der Menschheit. Erzähle mir, Muse, die Taten des viel gewanderten Mannes, der so weit geirrt, nach des heiligen Troja Zerstörung.

«Ik gihorta dat seggen …», man hat mir erzählt – so beginnt das Hildebrandslied, das erste Dokument der deutschen Literatur.

«Uns ist in alten maeren wunders vil geseit / von heleden lobebaeren, von grozer arebeit.» Das ist der Anfang des Nibelungenliedes: In alten Geschichten wird uns Wunderbares erzählt, von rühmenswerten Helden und von großer Mühsal.

«In einem bei Jena liegenden Dorf, erzählte mir, (…) der Gastwirt…» So beginnt Kleist seine berühmte «Anekdote aus dem letzten preußischen Kriege».

Ich könnte Ihnen Dutzende solcher Anfänge vorführen, die alle nur das Eine zeigen und beweisen: Dass die Literatur sich fortpflanzt von Bericht zu Bericht, dass jeder Erzähler sich auf einen anderen Erzähler beruft und selber ein Glied wird in der Kette der Überlieferung. Denn der Erzähler verkörpert, was Vladimir Nabokovs Autobiographie im Titel trägt: «Erinnerung, sprich!»

Anfänge haben in der Literatur eine gewisse Bedeutung, und das haben sie bestimmt auch für Sie. Gehören Sie zu jenen Lesern, die ein unbekanntes Buch in die Hand nehmen und den Geschmack der ersten Sätze kosten, als könnten sie entscheidende Auskunft darüber geben, ob man das Ganze zu sich nehmen will? Damit machen Sie alles in allem keinen Fehler, obgleich Romananfänge manchmal sehr viel über das Folgende verraten und manchmal überhaupt nichts. Die mehrfach erwähnte «Madame Bovary» zum Beispiel beginnt so zurückgenommen, geradezu unattraktiv, dass man den Eindruck gewinnen kann (wenn man das Buch gelesen hat), Flaubert habe zu Beginn noch gar nicht genau gewusst, worauf er hinauswill, oder er habe seine Absichten gründlich verborgen.

Nicht wenige Romananfänge gleichen einem Räuspern, als müsse sich ein Redner erst die Kehle reinigen. Er nimmt einen Schluck zu sich (man darf ruhig annehmen, es handele sich um Wein oder Whisky), räuspert sich noch einmal, erklärt seine Absichten, und erst dann kommt er allmählich in Fahrt. In Büchern der alten Zeit war das eine Höflichkeitsregel: Der Autor durfte nicht mit der Tür ins Haus fallen. Es gehörte sich, dass er allerlei Verbeugungen machte, vor seinen Lesern, seinen literarischen Gewährsmännern und Vorbildern, oder etwa vor dem Fürsten, der ihm das Leben oder zumindest die Drucklegung des Buches finanzierte.

Aber lassen Sie uns ein paar Anfänge näher betrachten, um zu sehen, was sich daraus schließen lässt. Erstes Beispiel:

Im Norden der Grafschaft Ruppin, hart an der mecklenburgischen Grenze, zieht sich von dem Städtchen Gransee bis nach Rheinsberg hin (und noch darüber hinaus) eine mehrere Meilen lange Seenkette durch eine menschenarme, nur hie und da mit ein paar alten Dörfern, sonst aber ausschließlich mit Förstereien, Glas- und Teeröfen besetzte Waldung. Einer der Seen, die diese Seenkette bilden, heißt «der Stechlin».

So beginnt der gleichnamige Roman von Theodor Fontane, sein letzter (1898). Der Anfang wirkt ausgeruht, altväterlich, und er gibt sich den Anschein eines objektiven, gewissermaßen zeitlosen und doch geografisch genau verorteten Berichts. Was folgt, entspricht diesem ersten, ziemlich langen Satz. Der See nämlich, und das ist ungewöhnlich, ist quasi die Hauptfigur des Romans, wobei allerdings der märkische Junker Dubslav, dortiger Großgrundbesitzer, ebenfalls Stechlin heißt. Von Handlung kann nicht groß die Rede sein, es geht eigentlich um den Zusammenprall der alten, der Stechlin-Zeit (um diesen See ranken sich alte Sagen, und der fast so alte Dubslav Stechlin verkörpert diese alte Zeit) mit der neuen Zeit, die sich darin ausdrückt, dass ein Sozialdemokrat, und nicht Dubslav, die Wahl gewinnt. Aber den Inhalt dieser Geschichte anzugeben, führt zu nichts, denn in der Hauptsache kommt es darauf an, diesem sorgsam und gemächlich wie hingeplauderten Roman zu lauschen, um zu merken, dass da eine neue Geschichte erzählt wird – die Geschichte des Übergangs aus der hergebracht langsamen in die modern und industriell beschleunigte Epoche. Der Anfang also trifft gleich die Melodie des Ganzen, man weiß sehr schnell, worauf man sich einlässt.

Nun das nächste Beispiel, ebenfalls Theodor Fontane, «Effi Briest» (1895):

In Front des schon seit Kurfürst Georg Wilhelm von der Familie von Briest bewohnten Herrenhauses zu Hohen-Cremmen fiel heller Sonnenschein auf die mittagsstille Dorfstraße, während nach der Park- und Gartenseite hin ein rechtwinklig angebauter Seitenflügel einen breiten Schatten erst auf einen weiß und grün quadrierten Fliesengang und dann über diesen hinaus auf ein großes, in seiner Mitte mit einer Sonnenuhr und an seinem Rande mit Canna indica und Rhabarberstauden besetztes Rondell warf.

Auch hier wieder eine genaue, vielleicht übergenaue Ortsbezeichnung, die nun aber neben dem Gravitätischen (was Fontane liebte) etwas ungut Schwerfälliges hat. Man kann das an der Formulierung sehen, der Sonnenschein sei erst auf die Dorfstraße gefallen und dann ein Schatten auf den Fliesengang und dann (über diesen hinaus) auf das Rondell, von dem gesagt wird, in seiner Mitte habe eine Sonnenuhr gestanden und an seinem Rand Rhabarber und Canna indica (was immer das sein mag).

Es geht mir nicht darum, ob Sie solche feierlich-umständlichen Anfänge mögen, auch nicht darum, Fontane zu rezensieren (Klassiker sind darüber erhaben), sondern ich will zeigen, dass Anfänge in die Irre führen können. Denn «Effi Briest» ist die hochdramatische Geschichte vom unschuldigen Unglück einer jungen, unwissenden Frau, und Fontane zeigt den grausamen Sieg sozialer Konvention über die arglosen Regungen des Herzens (auch diese Inhaltsangabe ist steif, Sie müssen die Geschichte lesen). Wie auch immer: Dieser Anfang gleicht dem erwähnten Räuspern.

Aber was ist mit diesem Anfang?

Gustav Aschenbach oder von Aschenbach, wie seit seinem fünfzigsten Geburtstag amtlich sein Name lautete, hatte an einem Frühlingsnachmittag des Jahres 19.., das unsrem Kontinent monatelang eine so gefahrdrohende Miene zeigte, von seiner Wohnung in der Prinzregentenstraße zu München aus einen weiten Spaziergang unternommen.

Überreizt von der schwierigen und gefährlichen, eben jetzt eine höchste Behutsamkeit, Umsicht, Eindringlichkeit und Genauigkeit des Willens erfordernden Arbeit der Vormittagsstunden, hatte der Schriftsteller dem Fortschwingen des produzierenden Triebwerkes in seinem Innern, jenem «motus animi continuus», worin nach Cicero das Wesen der Beredsamkeit besteht, auch nach der Mittagsmahlzeit nicht Einhalt zu tun vermocht und den entlastenden Schlummer nicht gefunden, der ihm, bei zunehmender Abnutzbarkeit seiner Kräfte, einmal untertags so nötig war.

Um es gleich zu sagen: Ich mag Thomas Mann nicht besonders, ich finde ihn allzu oft maniert, verliebt in seine Formulierungskunst, die dann etwas eitel Ornamentales kriegt (lesen Sie den viel gerühmten Roman «Joseph und seine Brüder»), aber hier am Beginn seiner Novelle «Der Tod in Venedig» (1912) ist er genial. Man hat in diesen ersten Sätzen schon fast die ganze Geschichte: Die stabile, bürgerlich geregelte Ordnung (Alter, Wohnort, amtlich registrierter Name); der instabile, von Versagensängsten gepeinigte Gegenentwurf («überreizt, gefährlich»); damit verbunden die offenbar weltpolitisch unheilvolle Lage («gefahrdrohende Miene») und im Hintergrund eine gepflegte, traditionsmächtige Bildung («Cicero»), die aber gerade jetzt ohnmächtig erscheint. Das sind die wesentlichen Bauteile, angereichert durch die Angabe der Jahreszeit (Frühling) und der näheren Verfassung des Helden (mangelnder Mittagsschlaf). Jetzt aber: Betrachten Sie bitte, wie Thomas Mann diese Teile ineinander fügt, die Architektur eines taumelnden, schwindelerregenden Satzgefüges errichtet, das den Taumel des Helden, der in Venedig einen untergangsverliebten Liebestod (und zugleich das Ende einer todgeweihten Kultur) erleben wird, sprachlich vorwegnimmt.

Ersparen Sie mir bitte die Interpretation dieser wirklich grandiosen und grandios morbiden Geschichte (sie ist von Luchino Visconti mit Dirk Bogarde als Aschenbach kongenial verfilmt worden): Sie haben hier einen der wirklich meisterhaft altmeisterlichen Anfänge.

Jetzt aber ein Gegenbeispiel:

Jemand mußte Josef K. verleumdet haben, denn ohne daß er etwas Böses getan hätte, wurde er eines Morgens verhaftet.

Das ist der Anfang von Kafkas Roman «Der Prozeß», aus dem Nachlass herausgegeben von Max Brod 1925, begonnen aber schon 1914, nur wenige Jahre später als «Der Tod in Venedig». Man sieht gleich: Das ist ein vollkommen anderer Ton, knapp und sachlich wie ein Bericht. Es fehlt alles, was die bisher zitierten Beispiele auszeichnet, der Bilderreichtum, der mit Einschüben geschmückte Satzbogen, das verlangsamte und dann wieder beschleunigte Tempo. Dieser erste Satz geht präzise, neutral und vollkommen kalt auf seinen Gegenstand los. Hier gibt es keinen Erzähler mehr, keinen Erzähler, der sich auf einen anderen Erzähler beruft, es gibt nur den anonymen Vorgang, der sich im schalltoten Raum abspielt.

Auch dieser Einstieg also verrät schon sehr viel über die folgende Geschichte. Sie werden sie unheimlich finden, erschreckend, und damit haben Sie völlig Recht. Sie weist voraus auf die totalitären Systeme, die den Menschen zum Objekt der Verfügung machen. Sie haben das schon an jener Passage aus der «Strafkolonie» sehen können. Kafka, vielleicht sollte ich das warnend hinzufügen, ist kein leichter Fall. Er ist zwar einer der berühmtesten Schriftsteller überhaupt, aber es gibt nicht wenige Leser, die ihn wie einen Albtraum empfinden. Ich hingegen liebe ihn, wenn «lieben» das richtige Wort für eine ohnmächtig faszinierte Bewunderung ist – ohnmächtig deshalb, weil man als Kafka-Leser immerzu in der Versuchung ist, die Bedeutung, den Sinn des Ganzen enträtseln zu wollen, und in hellen Augenblicken zwischendurch sogar begreift, dass es da nichts zum Enträtseln gibt, weil alles auf der Hand liegt, völlig klar ist, und dann wieder zurückfällt in dieses haltlose Grübeln.

Nun aber rasch der nächste Anfang, ein ziemlich berühmter:

Über dem Atlantik befand sich ein barometrisches Minimum; es wanderte ostwärts, einem über Rußland lagernden Maximum zu, und verriet noch nicht die Neigung, diesem nördlich auszuweichen. Die Isothermen und Isotheren taten ihre Schuldigkeit. Die Lufttemperatur stand in einem ordnungsgemäßen Verhältnis zur mittleren Jahrestemperatur, zur Temperatur des kältesten wie des wärmsten Monats und zur aperiodischen monatlichen Temperaturschwankung. Der Auf- und Untergang der Sonne, des Mondes, der Lichtwechsel des Mondes, der Venus, des Saturnringes und viele andere bedeutsame Erscheinungen entsprachen ihrer Voraussage in den astronomischen Jahrbüchern. Der Wasserdampf in der Luft hatte seine höchste Spannkraft, und die Feuchtigkeit der Luft war gering. Mit einem Wort, das das Tatsächliche recht gut bezeichnet, wenn es auch etwas altmodisch ist: Es war ein schöner Augusttag des Jahres 1913.

Das ist der oft zitierte Wetterbericht, mit dem Robert Musils Roman «Der Mann ohne Eigenschaften» beginnt (der erste Teil des unvollendeten Werks erschien 1930). Das ist nun fast schon wieder das Gegenteil vom vorherigen Beispiel, nämlich nicht klar und zielstrebig, sondern verspielt und vertrackt. Dass es sich dabei um die Parodie eines klassischen Romananfangs handelt (fast wie eine Parodie des sommerlichen Anfangs von «Effi Briest»), merkt man spätestens beim letzten Satz, der eigentlich alles, was vorher gesagt wurde, zu einem Nichts zusammenschrumpfen lässt. Wobei dies schon in der Unterzeile des ersten Kapitels deutlich wird. Sie lautet: «Woraus bemerkenswerter Weise nichts hervorgeht.»

Bezeichnend ist das Wort «altmodisch». Altmodisch wäre es, den Roman mit dem Satz «Es war ein schöner Augusttag des Jahres 1913» beginnen zu lassen. Schon stellt sich die Frage, ob der Autor das, was er altmodisch nennt, mag oder lieber meiden möchte. Noch ist das nicht klar, aber man erkennt, dass er mit verschiedenen Ebenen und mit möglichen Erzählhaltungen spielt, und damit hat man schon ein wichtiges Merkmal dieses verwegenen, alles in allem wohl gescheiterten Romanprojekts (Musil hat fast sein ganzes Leben damit verbracht): eine hohe, sich selbst immer wieder ins Wort fallende Reflexivität. Was bedeutet, dass da nicht irgendeine Geschichte der Reihe nach erzählt wird, sondern dass zugleich der Raum und die Zeit, in denen sie spielt, der Erzähler, der sie berichtet, die Sprache, in der er das tut – dass dies alles mitgedacht und gespiegelt wird. Das klingt anstrengend, und in der Tat ist der Roman, gemessen an heutigen Lesegewohnheiten, eine Zumutung. Gleichwohl ist er eines der erstaunlichsten Bücher der deutschsprachigen Literatur, immer umstritten, immer verteidigt. Sie müssen ihn (das sage ich, um Sie zu trösten, falls Sie, wie wohl die meisten Leser, nicht an sein Ende kommen) keineswegs vollständig lesen, um Gewinn aus ihm zu ziehen. Egal: Ich wollte nur einen weiteren Romananfang vorführen, der eine Menge über das Folgende verrät.

Was auch dieser zweifellos tut:

Nach einer anfänglich leichten, durch Verschleppung und Verschlampung aber plötzlich zu einer schweren gewordenen Lungenentzündung, die meinen ganzen Körper in Mitleidenschaft gezogen und die mich nicht weniger als drei Monate in dem bei meinem Heimatort gelegenen, auf dem Gebiete der sogenannten Inneren Krankheiten berühmten Welser Spital festgehalten hatte, war ich, nicht *Ende Oktober*, wie mir von den Ärzten angeraten, sondern schon *Anfang Oktober*, wie ich unbedingt wollte und in sogenannter Eigenverantwortung, einer Einladung des sogenannten Tierpräparators Höller im Aurachtal Folge leistend, gleich in das Aurachtal und in das Höllerhaus, ohne Umweg nach Stocket zu meinen Eltern, gleich in die sogenannte höllersche Dachkammer, um den mir nach dem Selbstmord meines Freundes Roithamer, der auch mit dem Tierpräparator Höller befreundet gewesen war, durch eine sogenannte letztwillige Verfügung zugefallenen, aus Tausenden von Roithamer beschriebenen Zetteln, aber auch aus dem umfangreichen Romanmanuskript mit dem Titel *Über Altensam und alles, das mit Altensam zusammenhängt, unter besonderer Berücksichtigung des Kegels*, zusammengesetzten Nachlaß zu sichten, möglicherweise auch gleich zu ordnen.

So beginnt Thomas Bernhard seinen Roman «Korrektur» (1975), und diesem ersten, wahrlich langen Satz folgen weitere noch längere Sätze, die zeigen, wie es dem großen Österreicher Bernhard gelingt, aus dem Kanzleiton der kaiserlich-königlichen Amtssprache eine neue Kunstform zu entwickeln. Sie beschreibt eine Schwindel erregende, in sich kreisende Bewegung, aus der es kein Entkommen gibt. Und sie hat eine hohe Redundanz, ist also nicht knapp und lakonisch, sondern liebt das angereicherte, sich steigernde, verdoppelnde, wiederholende Vokabular («sogenannt» taucht dicht hintereinander viermal auf), woraus schon zu Beginn klar wird, dass es dem Autor nicht auf die schnelle Entwicklung eines dramatischen Vorgangs ankommt, sondern auf das Ausmalen einer mentalen und emotionalen Verfassung, die Aufschluss gibt über einen geografischen Raum, eine geistige Epoche. Und wenn es so etwas wie nervöse Langsamkeit gibt: Hier ist sie.

Noch ein langer Anfang, jetzt aber farbenprächtig:

Während des Wochenendes fielen die Aasgeier über die Balkone des Präsidentenpalastes her, zerrissen mit Schnabelhieben die Drahtmaschen der Fenster und rührten mit ihren Flügeln die innen erstarrte Luft auf, und im Morgengrauen des Montags erwachte die Stadt aus ihrer Lethargie von Jahrhunderten von der lauen sanften Brise eines großen Toten und einer vermoderten Größe. Erst dann wagten wir einzutreten, ohne weder die zerbröckelnden Festungsmauern zu rammen, wie die Beherztesten unter uns forderten, noch das Hauptportal mit Ochsenjochen aus den Angeln zu heben, wie andere vorschlugen, denn es brauchte einer nur dagegenzustoßen, damit die mächtigen gepanzerten Türflügel nachgaben, die William Dampiers Lombar-

den in des Bauwerks heldenmütigen Zeiten widerstanden
hatten. Es war, als traumwandle man durch den Bereich
einer anderen Zeit, denn die Luft war dünner in den Trüm-
mergruben der weiten Höhle der Macht, und die Stille war
älter, und die Dinge wurden nur mühsam sichtbar in dem
altersschwachen Licht.

Das ist der Anfang des Romans «Der Herbst des Patriar-
chen» von Gabriel García Márquez (1977). Auch hier
haben Sie gleich die Stimmung des Ganzen: eine nicht
ohne Lust beschriebene Atmosphäre des Niedergangs,
des Verfalls, und was der berühmte Roman im Folgenden
tut, besteht eigentlich nur darin, dem Klang dieser
Ouvertüre das symphonisch Gebotene folgen zu lassen.

Ernest Hemingway hat einmal gesagt: «Ich kann
Schriftsteller nur lesen, wenn sie außergewöhnlich exakt
und unliterarisch sind.» Dieses «unliterarische» Schreiben geht zum Beispiel so:

Im Spätsommer jenes Jahres lebten wir in einem Haus in
einem Dorfe, das über den Fluß und die Ebene zu den Bergen hinübersah. Im Flußbett lagen Kieselsteine und Geröll
trocken und weiß in der Sonne, und in den Stromrinnen war
das Wasser klar und reißend und blau. Truppen marschier-
ten an unserm Haus vorbei und die Straße hinunter, und der
Staub, der von ihnen aufgewirbelt wurde, puderte die Blätter der Bäume. Auch die Stämme der Bäume waren be-
staubt, und die Blätter fielen in jenem Jahr früh ab, und wir
sahen die Truppen auf der Straße vorbeimarschieren und
den Staub aufsteigen und die vom Wind geschüttelten Blätter abfallen und die Soldaten marschieren und die Straße
nachher leer und weiß bis auf die Blätter.

So beginnt der Roman «In einem andern Land» (1929). Man sieht: Einfacher und klarer kann man es nicht ausdrücken. Es scheint, als wären Ernest Hemingway jene Lehrer erspart geblieben, die an den Rand der Aufsatzhefte «Wiederholung!» schreiben und mit ihren Schülern den «treffenden Ausdruck» üben, der zumeist nur gestelzt ist. Schön, wie die durch das «und» aneinander gereihten Hauptsätze eine melancholische Melodie erzeugen, die der Roman, der eine süße, eine traurige Liebesgeschichte in verwirrten Zeiten erzählt, dann nur noch weiterführen muss.

Nun der kürzeste und prägnanteste Anfang, den ich kenne:

Nennt mich Ismael.

Das ist der Anfang von «Moby-Dick». Aber lassen Sie sich nicht täuschen: So simpel, geradlinig geht es nicht weiter, denn hier haben wir es mit einer gewaltigen Orgel zu tun, die alle nur denkbaren Stimmen und Klangfarben beherrscht, vom Seemannslied bis zum Bibelton und zur shakespearischen Tragödie. Um die Wahrheit zu sagen: «Nennt mich Ismael» ist zwar der Anfang des ersten Kapitels, aber der Roman beginnt mit einer «Wortkunde, beigesteuert von einem jüngst verstorbenen schwindsüchtigen Hilfsschulmeisterlein», in der das Wort «Wal» in dreizehn Sprachen übersetzt wird; gefolgt von einem weiteren Vorkapitel, genannt «Auszüge, beigesteuert von einem Unter-Unterbibliothekar», worin aus allen möglichen biblischen, literarischen, historischen und walgeschichtlichen Werken Zitate über den Wal versammelt sind. «Moby-Dick» ist wahrlich kein Buch, das man eben mal schnell weglesen könnte. Man braucht Zeit, Geduld, und dann sieht man: Es handelt sich um einen der großartigsten Romane, die je geschrieben wurden. Um einen etwas deutlicheren Geschmack des Ganzen zu geben, zitiere ich die ersten Absätze des ersten Kapitels (hier in der Übersetzung von Matthias Jendis):

> Nennt mich Ismael. Ein paar Jahre ist's her – unwichtig, wie lang genau –, da hatte ich wenig bis gar kein Geld im Beutel, und an Land reizte mich nichts Besonderes, und so dacht ich mir, ich wollt ein wenig herumsegeln und mir den wässerigen Teil der Welt besehen. Das ist so meine Art, mir die Milzsucht zu vertreiben und den Kreislauf in Schwung zu bringen. Immer wenn ich merke, daß ich um den Mund herum grimmig werde; immer wenn in meiner Seele nasser, niesliger November herrscht; immer wenn ich merke, daß ich vor Sarglagern stehenbleibe und jedem Leichenzug hinterhertrotte, der mir begegnet; und besonders immer dann, wenn meine schwarze Galle so sehr überhandnimmt, daß nur starke moralische Grundsätze mich davon abhalten können, mit Vorsatz auf die Straße zu treten und den Leuten mit Bedacht die Hüte vom Kopf zu hauen – dann ist es höchste Zeit für mich, so bald ich kann auf See zu kommen. Das ist mein Ersatz für Pistole und Kugel. Mit einer stoischen Sentenz stürzt Cato sich in sein Schwert; ich gehe still an Bord.

Die Anfänge, die wir bisher hatten, steigen in die Geschichte dadurch ein, dass sie den Ort, die Zeit, die Personen in mehr oder minder knappem Aufriss skizzieren – oder, indem sie direkt in die Geschichte hineinspringen (Kafka, Melville). Es gibt noch andere Möglichkeiten, und eine davon ist die philosophische Sentenz:

Alle glücklichen Familien gleichen einander, jede unglückliche Familie ist auf ihre eigene Weise unglücklich.

So beginnt «Anna Karenina» (1876) von Leo Tolstoj. Über den Satz kann man lange nachdenken, und wenn man schlecht gelaunt und spitzfindig sein wollte, könnte man mit Gründen behaupten, das Gegenteil sei ebenso wahr. Aber wie das mit Aphorismen eben so ist: Sie teilen keine unumstößlichen Wahrheiten mit, sondern eine pointierte, erhellende Ansicht über die Menschen und ihre Lebensweise. Und wieder, wie schon gesagt, scheint es leider so, dass das Glück, dessen Reichtum und Vielfalt einen Sänger erst noch finden müsste, in der Literatur selten beheimatet ist. Denn, wie es der Schriftsteller Adolf Muschg mehrfach formuliert hat: Der empfundene Mangel erst ist Anlass des Schreibens und auch des Lesens. «Anna Karenina» jedenfalls beginnt nach dem zitierten Satz mit der Schilderung jenes häuslichen Unglücks, das der peinlicherweise ruchbar gewordene Fehltritt des Fürsten Stepan Arkadjitsch Oblonskij verursacht hat.

Nun aber Schluss mit den Anfängen.

Fünfte Pause
Muss man alles zu Ende lesen?

Am Anfang des «Tom Jones» wendet sich Henry Fielding an seine Leser und vergleicht die Lektüre eines Romans mit dem Besuch in einem Wirtshaus, wo der Gast unter mehreren näher beschriebenen Speisen wählen könne und, anders als bei einer privaten Einladung, berechtigt sei, das Aufgetischte für unschmackhaft zu halten und gar nicht oder nur zur Hälfte zu sich zu nehmen.

Daran sollten Sie sich halten, und nicht nur bei Fielding. Als Leser haben Sie jede Freiheit, und keiner fragt Sie das Gelesene ab. Wir sind ja nicht im Abitur. Das heißt also, dass man nicht jedes Buch von Anfang bis Ende lesen muss. Man kann jederzeit aufhören, kann schon mal zum Ende vorblättern (das mache ich sogar bei Krimis), kann Seiten überspringen, kann machen, was man will. Und man sollte, bevor man sich in Ausgaben stürzt, lieber eine Bibliothek aufsuchen oder nach preiswerten Alternativen Ausschau halten, bevor man ein Buch nur deshalb krampfhaft zu Ende liest, weil einen das Geld reut.

Es gibt in der Tat Bücher, die man nicht bis ans Ende lesen kann, sei es, weil sie eigentlich keins haben (das gilt zum Beispiel für Kafkas «Schloß», für Musils «Mann ohne Eigenschaften» und für Jahnns «Fluß ohne Ufer», es scheint fast, als wäre das eine deutsche Unsitte, wobei Musil und Kafka allerdings Österreicher sind), sei es, weil man mittendrin stecken bleibt und aus unerklärlichen Gründen weder vor noch zurück kann.

Robert Musil übrigens hat einmal Folgendes gesagt:

Ich erinnere mich, seit Jahren selten ein Buch zu Ende gelesen zu haben, außer es war ein wissenschaftliches oder einer jener ganz schlechten Romane, in denen die Augen stecken bleiben, als ob man einen großen Teller in Schnaps getränkter Makkaroni hinunterschlingen würde. Wenn ein Buch aber wirklich eine Dichtung ist, kommt man selten über die Hälfte hinaus; mit der Länge des Gelesenen wächst in steigenden Potenzen ein bis heute unaufgeklärter Widerstand. Es ist nicht anders, als ob die Pforte, durch die ein

Buch eintreten soll, sich krampfhaft gereizt fühlte und eng verschließen würde.

Ich glaube, dass da etwas Wahres dran ist. Jedenfalls gibt es Romane, die man herunterschlingt (das sind nicht immer, aber oft die weniger guten), und andere, bei denen man die Musil'sche Erfahrung macht (und das sind oft die wirklich großen). Wenn also sogar Musil einen Roman abbricht, dann dürfen Sie das ebenfalls, und das macht auch nichts, weil Sie bei diesen Büchern oft schon nach der Hälfte oder weniger ein starkes Gefühl dafür haben, worum es geht, und wenn Sie dem nicht völlig folgen wollen, so kann es auch daran liegen, dass Sie just in diesem Augenblick keinen Platz dafür haben. Denn die großen Bücher brauchen Platz, und es steht nicht immer im eigenen Ermessen, ihn herzugeben.

Es gibt allerdings eine merkwürdige, im Lauf der Zeit schwächer gewordene, aber immer noch hier und da wirksame Instanz, die man Bildung nennen kann. Wer als gebildet gelten will, muss, so scheint es, bestimmte Sachen gelesen haben. Ich bekenne, dass ich, in Vorträgen und bei Diskussionen über einen Literaturkanon, bestrebt war, diesen Eindruck zu erzeugen, ganz einfach deshalb, weil ich davon überzeugt bin, dass niemand gebildet zu nennen ist, der nicht einen Begriff von Literatur und ihrer Geschichte hat. Aber ich kann Ihnen versichern, dass sich der Anschein literarischer Bildung leicht auch ohne die Kenntnis der betreffenden Bücher erzielen lässt. Das ist lediglich eine Frage der Übung. Wenn man immer nur über das reden wollte, worin man sich wirklich auskennt, gäbe es keine Konversation. Und das wäre doch schade.

Sechstes Kapitel
Über Erzählhaltungen und Erzählperspektiven

Am Beispiel der Romananfänge konnten Sie sehen, wie unterschiedlich die Stimme des Erzählers klingen kann. Normalerweise, so behaupte ich jetzt, achten Sie nicht sonderlich darauf. Der Autor soll Sie in seine Geschichte hineinziehen, und wie er das tut, ist ausschließlich seine Sache. Wohl wahr. Auch ich fühle mich manchmal unangenehm berührt, wenn ein Schriftsteller allzu umständlich-selbstverliebt seine schreiberischen Schwierigkeiten und gedanklichen Vorleistungen ausbreitet, bis er endlich zur Sache kommt. Er gleicht einem Schauspieler, der uns zwingt, ihm bis in die Proben und bis in die Garderobe hinein zu folgen, während es doch einzig darauf ankommt, dass sein Auftritt uns überzeugt. Dass jemand die Voraussetzungen seiner Profession näher ausbreitet, scheint nicht besonders professionell.

Es kann aber, und darauf will ich in diesem Kapitel hinaus, ein Beweis von Kunstfertigkeit und schließlich großer Kunst sein, wenn ein Autor besondere Techniken anwendet. Zumeist tut er das gar nicht in bewusst technischer Absicht, sondern er folgt jenem Gesetz, das die Geschichte, die er sich vorgenommen, ihm abverlangt. Nur der unbegabte oder mittlere Schriftsteller hält sich blind an das vorher ausgedachte Muster. Der große Autor hingegen folgt einer Idee, die sich in ihm festgesetzt hat (fast könnte ich sagen: er unterliegt ihr), und diese Idee erzwingt nun eine ganz bestimmte erzählerische Verfahrensweise. Er ist dann nicht mehr völlig frei, wenn man darunter die Freiheit der reinen Willkür versteht.

Welches Bild könnte das am besten erklären? Vermutlich kennen Sie Goethes berühmte Ballade «Der Zauberlehrling», worin der Lehrling, als sich der Meister einmal außer Haus begibt, den Versuch unternimmt, es jenem gleichzutun, und dem Besen befiehlt, das Haus gründlich zu reinigen. Worauf dieser (der Besen) eimerweise Wasser schleppt, bis alles schwimmt und zu ertrinken droht – und erst der heimgekehrte Meister kann die Geister, die der Unbedarfte gerufen hat, in ihre Schranken weisen. Der Schriftsteller als Künstler, will ich damit sagen, wäre der Lehrling und der Meister in einer einzigen Person: Er ruft die Geister hervor, deren Bändigung dann seine große Aufgabe ist, und das gelingt mal besser, mal schlechter, aber es ist immer mit einem Risiko behaftet. Und ich glaube, dass der Erfolg dieses Bändigungsversuches die geheime Spannung literarischer Werke ausmacht, obgleich es sicherlich wahr ist, dass die wenigsten Leser sich dessen bewusst werden.

Muss ich das wissen, können Sie jetzt fragen, muss mich dieses professionelle Risiko interessieren? Von Müssen kann streng genommen keine Rede sein – ganz abgesehen davon, dass man als Leser sowieso gar nichts muss. Aber der bedeutende Literaturwissenschaftler Emil Staiger, ein Schweizer übrigens, hat einmal gesagt, es komme darauf an, zu begreifen, was uns ergreift. Das ist sehr wahr, wie ich glaube, und es ist weniger eine Pflicht oder Aufgabe als ein natürlicher Wunsch. Man will, gepackt von einem Erlebnis oder überwältigt von einer Erfahrung, genauer verstehen, was da passiert. Das betrifft die

allerersten kindlichen Erfahrungen (erotische oder soziale) ebenso wie die des Erwachsenen, der etwa eine irri-
tierende Reise in ein fremdes Land unternimmt und dessen Kultur begreifen will. So wird es Ihnen auch mit
Büchern ergehen: Manche (viele) lassen Sie gleichgültig,
andere aber beschäftigen Sie derart, dass Sie herausfinden wollen, was dieser Schriftsteller mit seinem Text und
mit Ihnen gemacht hat.

Deshalb lohnt es sich, einen Blick auf das literarische
Handwerk zu werfen und den Versuch zu unternehmen,
die innere Mechanik eines Textes zu beschreiben und zu
begreifen. Das tut der Schönheit der Erscheinung keinen
Abbruch, so wie man ja auch die Schönheit einer Kathedrale nicht geringer achtet, wenn man ihren Grundriss
kennt. Natürlich besteht die Gefahr (und sie ist in der
Literaturwissenschaft ein ständiges Problem), dass man
einen Text so lange in seine Einzelteile zerlegt, bis man
den Wald vor lauter Bäumen nicht mehr sieht. Und auf
den Wald kommt es vor allem an – aber auch darauf, dass
man einen Weg durch ihn hindurchfindet, und das geht
nur, wenn man auch die Bäume erkennt.

Der erste Wegweiser ist die Frage: Wer erzählt? Die
meisten Beispiele, die ich bisher vorgeführt habe, zeigen
einen Erzähler, den man in der Fachsprache den «auktorialen» Erzähler nennt. Er ist (und hier übertreibe ich
kaum) der Gott des Textes: Er weiß alles, er kennt die Gedanken und Gefühle seiner Personen, er lenkt ihr Geschick. Er erzählt immer in der dritten Person und immer
in der Vergangenheitsform (im Deutschen ist es das Prä-
teritum): «An den Ufern der Havel lebte, um die Mitte
des sechzehnten Jahrhunderts, ein Roßhändler, namens
Michael Kohlhaas…» Fontane hat diesen Weg in «Effi

Briest» und im «Stechlin» gewählt, Flaubert in der «Madame Bovary» und Gontscharow in seinem «Oblomow». Unzählige andere Autoren haben das natürlich auch so gemacht, aber ich nenne jetzt nur die bereits erwähnten Beispiele.

Der auktoriale Erzähler neigt dazu oder er strebt danach, sich selbst zum Verschwinden zu bringen, was heißen soll, dass man ihn nicht als konkrete Person erlebt, sondern als objektive Instanz, die mit der Erzählstimme völlig verschmilzt. Der Leser soll sich dieser Stimme anvertrauen. Sie führt ihn, ohne dass er merkt, wie sie ihn führt und vielleicht auch verführt. Der naive Leser – und jeder gute Leser ist zunächst einmal naiv, also unvoreingenommen, arglos und verführbar – schätzt diesen Erzählertypus ganz besonders, weil er die Illusionsmechanik am wirkungsvollsten betätigt. Es gibt zwischen Ihnen als dem Leser und dem Text als Autorität keinen Zwischenraum, in den Sie hinüberwechseln könnten, um von dort aus nach beiden Seiten zu blicken, auf sich selbst als Leser oder auf den Text. Das bedeutet zugleich, dass der Text sich selbst nicht spiegelt, gewissermaßen von sich selbst nichts weiß. Und Sie spiegeln sich nur in dem Moment, da Sie das Buch zuschlagen oder innehalten, um die Geschichte zu rekapitulieren und über Ihre Empfindungen nachzudenken.

Auf diese Weise entsteht die dichteste Spannung. Es kann Ihnen dabei geschehen, dass Sie sich zeitweise verlieren, im Lesen jemand anderes werden und (siehe Kapitel 1) dem Fliegenden Robert gleichen. Die meisten Unterhaltungsromane verfahren so, die Krimis, die Liebesgeschichten etwa, aber auch nicht wenige der großen klassischen Texte, man denke nur an den «Kohlhaas», der mit der Gewalt eines objektiven, unentrinnbaren Vorgangs daherkommt. Wenn die Lektüre gelingt, dann ist man diesem Vorgang ausgeliefert und verschwindet in ihm. Wenn man dann wieder auftaucht und mit sich selbst oder einem Freund über diese Erfahrung diskutiert, dann wird zweifellos die Geschichte im Vordergrund stehen, vielleicht noch ihre sprachliche Gestalt, nicht aber der Erzähler.

Aber nicht alle auktorialen Erzähler gleichen einem strengen, unsichtbaren Gott. Manche geben sich als sprechende, erzählende Person zu erkennen, wie etwa Homer in der «Odyssee». Gleich zu Beginn («andra moi ennepe mousa» – den Mann nenne mir, Muse) bezieht er sich auf eine höhere Instanz und ruft sie an. Er tritt auf als der Überbringer einer Nachricht, einer Botschaft; er bleibt zwar im Hintergrund, aber man kann ihn sehen. Deutlicher erscheint dann zum Beispiel Wolfram von Eschenbach in seinem «Parzival». Nach einem ernsten, etwas dunklen, vieldeutigen Prolog wendet er sich an die Leser (wieder in der Übersetzung Dieter Kühns):

Nun hört euch die Geschichte an!

Von beidem wird sie euch erzählen:

von der Freude wie vom Leid;

Lust und Sorge spielen mit.

Nehmt an, ich einer wäre drei,

und jeder hätte meinen Rang

im Können (nötig wäre hier

dann freilich noch Erfindungskraft!),

wenn *die* euch gut erzählen wollten,

was ich *allein* erzählen will,

sie hätten ihre liebe Not!

Das klingt einigermaßen großspurig, aber wenn Sie Wolfram im Fortgang genauer kennen lernen, dann erkennen Sie die spielerische, fröhliche Hälfte dieses Autors, die zusammen mit der gralssucherischen, grüblerischen anderen Hälfte eine spannungsreiche Einheit bildet. Einmal, als er einen ritterlichen Schaukampf schildert und einer der Kämpfenden, der König der «Britannen», von seinem Pferd herab derb auf die blumenreiche Wiese plumpst, sagt er: «Ach, wie bin ich zart besaitet, / daß ich den Edlen der Britannie / vor Kanvoleis so lieblich bette.» Immer wieder tritt er an die Rampe und kommentiert die Szene mit bedauernden oder spöttischen Worten, immer wieder stellt er die dramatischen Ereignisse in einen ganz persönlichen Sinnzusammenhang. Und ein andermal sagt er zu seinen Lesern: «Ich fantasiere nicht, / wenn ihr es wollt, so ist es wahr!» Das ist eine hübsche und vertrakkte Erweiterung des Wechselspiels von Fiktion und Wirklichkeit, das wir im zweiten Kapitel behandelt haben: Die Wahrheit des Erzählten hängt nicht so sehr vom Autor ab, sondern vor allem vom Leser. Wenn er nicht guten Willens ist, wenn er der Geschichte keinen Sinn abzugewinnen vermag, dann ist der Autor verloren.

Auf diese willentliche oder unwillentliche Mitarbeit des Lesers am Text und seiner Bedeutung werden wir später zurückkommen, hier will ich nur klar machen, dass der so genannte auktoriale Erzähler in mancherlei Gestalt auftritt, und am Beispiel Wolframs kann man erkennen, was ich Zweistimmigkeit nennen möchte: Die erste Stimme ist die der fortlaufend erzählten Geschichte, die zweite die des sich einmischenden Erzählers. Ironische Erzählungen sind eigentlich immer zweistimmig, was man etwa bei Thomas Mann beobachten kann: Dort gibt es die

Ebene des Erzählten und daneben die Ebene des ironisch sich distanzierenden, des melancholisch sich zurücklehnenden Erzählers. Generell kann es sein, dass sich beide Stimmen wie in einem echten Duett die Waage halten; es kann sein, dass die Stimme des Erzählers nur selten direkt hörbar wird und sich wie ein grundierender Orgelton im Hintergrund hält; und es kann sein, dass die Erzählstimme die erzählte Geschichte gänzlich überlagert, sie eigentlich nur zum Vorwand nimmt, um eine zweite, dritte, vierte Geschichte zu erzählen.

Sie vermuten vielleicht, dies sei ein Merkmal des modernen Romans, wo sich der eine und einzige auktoriale Erzähler in einen ganzen Stimmenchor hinein vervielfältigt oder auflöst, und das stimmt. Aber es stimmt nicht, dass die Vorherrschaft des Erzählers neu und die Dominanz der Erzählten alt sei. Alt und neu sind ohnehin Begriffe, die nicht weit führen. Wenn man sich vor Augen hält, dass am Anfang der Literatur die mündliche Erzählung stand, dann kann man sich leicht vorstellen, dass diese Unterscheidungen erst später notwendig wurden. Denn der mündliche Erzähler war ja alles in einem. Er war eine leibhaftige Person, und sicherlich hat er seine Zuhörer auch direkt angesprochen und dabei «ich» gesagt, etwa: «Ich erzähle euch jetzt folgende Geschichte ...» Zugleich musste er, wenn die Geschichte losging, hinter ihr zurücktreten und dadurch ihre Objektivität («so ist es wirklich gewesen ...») bekräftigen. Was ihn nicht hinderte, sich gelegentlich kommentierend wieder nach vorne zu spielen. Alles kam darauf an, dass er die Zuhörer in seinen Bann schlug, dass sie ihm nicht wegliefen. Und schließlich, hauptsächlich hatte er die Pflicht, den großen, heiligen Text getreulich weiterzugeben.

Mit der Entstehung der Schriftlichkeit trat dieser Gedanke in den Hintergrund und die Subjektivität des Erzählers in den Vordergrund. Denn die kanonischen Texte waren ja nun aufgeschrieben, in Bibliotheken unveränderlich gespeichert, und der Erzähler, der Schriftsteller, wie wir ihn nun nennen dürfen, hatte die Freiheit, Neues zu erfinden oder das Vorhandene zu variieren, umzuformen, weiterzudichten. Dabei gab es immer die Möglichkeit des Einstimmigen und die des Zweistimmigen. Dem gewissermaßen einstimmigen «Robinson» etwa folgt der zweistimmige (genauer: vielstimmige) «Tristram Shandy» des Laurence Sterne, erschienen 1759 bis 1767 in neun Bänden.

Dieses Buch bezeichnet einen frühen und kaum mehr überbotenen Extrempunkt eines Erzählens, das die im Grunde geringfügige Handlung in eine Unzahl weiterer Erzählungen, Kommentare, Abschweifungen, Vor- und Rückblenden auflöst. Der vollständige Titel lautet: «The Life and Opinions of Tristram Shandy, Gentleman – Leben und Ansichten von Tristram Shandy, Gentleman». Dieser ist der Ich-Erzähler und die Hauptfigur – neben seinem Vater Walter und dessen Bruder Toby. Fast wichtiger aber als das Leben sind die Ansichten Tristrams. Beim Versuch, die Biografie seines Helden zu erzählen, kommt Sterne alias Tristram vom Hundertsten ins Tausendste, und er verwirrt systematisch die Chronologie. Der Roman beginnt 1718 und endet 1712. Im dritten Band endlich wird Tristram geboren. Dr. Slop, der Arzt, ist gekommen und versucht, während die Mutter in den Wehen liegt, seinen Beutel mit den ärztlichen Instrumenten zu öffnen. Der aber ist von dem unverständigen Diener Obadiah so zugeknotet worden, dass Dr. Slop ihn nicht aufbekommt (jetzt folge ich der Übersetzung von Michael Walter, der sich auch in der Zeichensetzung dicht an die Vorlage hält):

Wenn es sich um Knoten dreht, – worunter ich zuvörderst weder Schlingenknoten gemeint und verstanden wissen möchte, – weil im Verlauf meines Lebens und meiner Ansichten, – meine Ansichten in Betreff dieser besser dort am Platz erscheinen werden, wo ich der Katastrophe meines Großonkels Mr. Hammond Shandy gedenke, – eines kleinen Mannes, – aber von hohem Geistesflug: – er verstrickte sich in die Umtriebe des Herzogs von Monmouth: – noch meine ich zweitens hier jene besondere Art von Knoten, die man Schleifenknoten nennt; – zu ihrer Lösung bedarf es so wenig Geschick, Kunst oder Geduld, dass sie mir überhaupt keine Ansicht wert sind. – Sondern unter den Knoten, wovon ich rede, mögen Ew. Ehrwürden geruhen, mir Glauben zu schenken, versteh' ich gute, ehrliche, teuflisch feste, harte Knoten, so recht bona fide gemacht, wie Obadiah die seinigen machte; – wo nicht etwa durch das Doppeltnehmen und Zurückführen der beiden Schnurenden durch den auf Grund der zweiten Verzwirnung derselben entstandenen annulus oder Schlaufenring eine pfiffige Vorkehrung getroffen ist – vermittelst deren man sie aufschlüpfen lassen und lösen kann – ich hoffe, Ihr versteht mich.

Ja, das ist wirklich zu hoffen, denn dieser ellenlange Satz ist exakt so teuflisch fest verknotet wie die Knoten Obadiahs. Und doch, wenn man ihn gründlich liest, kriegt man ihn auf, und man erkennt ein Prinzip der Sterne'schen Erzählweise, das ständige Sich-ins-Wort-Fallen, die kunstvoll-listige Verzögerung. Denn inzwischen ist höchste Eile geboten, die Niederkunft steht kurz bevor, und Dr. Slop, dem weder lange Fingernägel zur Lösung des Knotens noch Zähne zur Verfügung stehen (wie es zum Verlust der Zähne kam, wird ebenfalls erzählt), greift endlich zum Messer, schneidet sich aber vor Aufregung in den Finger. Als er ganz schrecklich zu fluchen anfängt, hält ihm Walter einen längeren Vortrag über die richtige Anwendung von Flüchen. Er nötigt ihn, einen aufwändigen kirchlichen Exorzismus vorzulesen, der dann auf lateinisch und in der Übersetzung abgedruckt wird. Unterdessen ist das Kind offenbar im Geburtskanal steckengeblieben, und Dr. Slop muss es mit der Zange holen, wobei er dem ansonsten gesunden Baby die Nase zerquetscht. Diese Nachricht (ich übergehe jetzt die zumindest befremdliche Tatsache, dass Sterne es zwischendurch für angebracht gehalten hat, die vergessene Vorrede zu seinem Roman einzuflechten) stürzt Walter in tiefste Verzweiflung. Eines seiner Steckenpferde ist nämlich die Nasentheorie, derzufolge die Gestalt und die Größe einer Nase auf Intelligenz und Charakter schließen lassen. Es wird Sie, lieber Leser, nach allem nicht überraschen, dass auch diese Theorie des Längeren dargestellt wird.

Sie sehen, dies ist ein ganz ungewöhnliches Buch, das sich alle nur denkbaren Freiheiten nimmt und mit einem Leser rechnet, der nicht auf eine gradlinige Spannungsdramaturgie aus ist, sondern der Intelligenz und dem Witz der Anspielungen, Einfälle und Exkurse zu folgen bereit ist. Das England des 18. Jahrhunderts muss eine hoch entwickelte Leserschaft gehabt haben, denn der Roman wurde ein großer Erfolg, und er hat die Geschichte der Literatur nachhaltig beeinflusst, bis hin zu Jean Paul und später Proust, Joyce, Virginia Woolf. Übrigens spielt in dem Buch, neben ganz vielen anderen vornehmlich philosophischen Schriften, der «Don Quijote» eine wichtige Rolle, woran Sie wieder erkennen können, wie sehr und wie oft sich literarische Werke auf literarische Werke beziehen: Es gibt einen Strom der Überlieferung, an dem mehr oder weniger alle teilhaben, und mir fällt kein großer Schriftsteller ein, der nicht auch belesen gewesen wäre.

Wenn Sie mir bis hierhin aufmerksam gefolgt sind, so wird Ihnen ein Widerspruch aufgefallen sein: Ich habe gesagt, der auktoriale Erzähler spreche in der dritten Person. Der «Tristram Shandy» aber (und auch der «Robinson») ist in der ersten Person geschrieben. Handelt es sich also nicht um eine Ich-Erzählung? Grammatisch gesprochen zweifellos. Wir wollen uns hier nicht in Erzähltheorien verstricken – darüber gibt es ganze Bibliotheken –, und auf eine exakte wissenschaftliche Terminologie kommt es mir nicht an. Ich möchte nur Ihren Blick dafür schärfen, wer da jeweils spricht. Im «Robinson» spricht zwar Robinson, aber zugleich spricht auch ein anderer Erzähler aus ihm. Nennen wir ihn Defoe, obgleich wir nicht den Fehler begehen sollten, den Erzähler Defoe mit der Person Defoe gleichzusetzen.

Ich erlaube mir an dieser Stelle, wahrscheinlich animiert durch Sterne, eine kleine Abschweifung: Die Person Defoe (und hier kann man einen beliebigen anderen Namen einsetzen) ist, wie jede Person, geprägt durch Lebensumstände, Vorlieben und Eigenschaften, die, unabhängig davon, ob wir sie kennen oder nicht, für das Werk, um das es geht, eine allenfalls geringe Rolle spielen. Ob Defoe (ich fantasiere jetzt) homosexuelle Neigungen hatte und ob die im Verhältnis Robinsons und Freitags

Niederschlag finden, halte ich für eine schwachsinnige Fragestellung. Denn der Autor Defoe (und der allein hat Bedeutung) ist die besondere Ausprägung der privaten Person. Was der Autor gewusst, gedacht, geglaubt, gefühlt hat und wie er es in seinem Werk formt und gestaltet, das allein zählt.

Zurück zum Thema: Dass der Autor Defoe aus Robinson spricht, erkennt man daran, dass er mehr weiß, als Robinson wissen kann, und das gilt in noch weit höherem Maß für «Tristram Shandy». Das Ich, das hier erzählt, wechselt ständig zwischen dem Ich der Kunstfigur Tristram und dem Ich des Autors Sterne, der sich (wie auch Defoe) einmischt in die Debatten seiner Zeit, hin und her.

Die Ich-Erzählung im strengen Sinn aber überschreitet nicht den Horizont des erzählenden Ichs, sondern bleibt eng an dessen Raum der Empfindungen und Erfahrungen gebunden. Von den erwähnten Beispielen trifft dies am deutlichsten für die erste Hälfte des «Werthers» zu: Hier spricht allein der begeisterte, verzagende, in all seiner verliebten Beschränktheit sich selbst überbietende junge Mann. Er tut das übrigens in einer speziellen Form der Ich-Erzählung, in der des Briefromans. Auch dafür gibt es große Beispiele, besonders in der Romantik, auf die ich aber nicht näher eingehen will, denn ich heiße ja nicht Sterne. Gleichviel und zurück zu «Werther»: Der Reiz für den Leser (das ist auch seine Not) besteht darin, dass er, da er ja nun in Lotte nicht verliebt ist, die Gefährdung Werthers erkennt und sich um ihn sorgt. Diese Erzählhaltung nötigt ihn also zur Distanzierung, während sie ihm zugleich eine gewisse Identifikation nahe legt, und daraus entsteht die Spannung. Während man beim vielstimmigen Erzählen in einer anderen Lage ist: Man gleicht dem Zuschauer eines Fußballspiels, der die verschiedenen Spielzüge und Spieltemperamente, die Finten und Kunststücke mit unparteiischer und spontaner Anteilnahme verfolgt.

Wir können also statt der skizzierten Aufteilung – hier der auktoriale, dort der Ich-Erzähler – auch eine andere vornehmen und den Winkel betrachten, den der Lichtstrahl der Erzählung wirft, wobei wohlgemerkt die quantitative Größe dieses Winkels nichts aussagt über die qualitative Größe des Textes. Der Winkel (und also das beleuchtete Feld) ist dann groß, wenn der Erzähler aus der Vogelperspektive hinabschaut auf das Schicksal seiner Helden oder wenn er es – das etwa macht Flaubert – als Teil einer Versuchsanordnung betrachtet, die möglichst genau beschrieben werden soll. Der Winkel ist klein, wenn sich die Erzählperspektive auf das Innenleben des Helden und auf den Kreis seiner Wahrnehmung beschränkt. Dafür nun einige Beispiele.

Den denkbar kleinsten und deshalb manchmal Furcht erregenden Winkel findet man in den Tiererzählungen Kafkas. Sie kennen «Die Verwandlung» oder haben von ihr gehört: «Als Gregor Samsa eines Morgens aus unruhigen Träumen erwachte, fand er sich in seinem Bett zu einem ungeheueren Ungeziefer verwandelt.» Hier ist die Einschränkung der Perspektive ganz wörtlich zu nehmen, denn Gregor, eben noch ein Mensch, vermag sich in seiner neuen Gestalt nicht zu bewegen (er liegt wie ein Käfer auf dem Rücken), und so nimmt er, was nun geschieht, in der Hauptsache akustisch wahr: Die Reaktionen und Gespräche seiner Eltern wie seiner Schwester. «Die Verwandlung» bildet den logischen Übergang zu den reinen Tiererzählungen, etwa zum «Bericht für eine

Akademie», der von einem dressierten Affen vorgelegt wird; oder zum «Bau», den ein Maulwurf erzählt; und schließlich zu dem Prosastück «Josefine, die Sängerin», das uns Einblick in das prekäre Leben der Mäuse gewährt. Ich gebe hier den Anfang des «Berichts», damit Sie wissen, wovon ich rede:

Hohe Herren von der Akademie!

Sie erweisen mir die Ehre, mich aufzufordern, der Akademie einen Bericht über mein äffisches Vorleben einzureichen.

In diesem Sinne kann ich leider der Aufforderung nicht nachkommen. Nahezu fünf Jahre trennen mich vom Affentum, eine Zeit, kurz vielleicht am Kalender gemessen, unendlich lang aber durchzugaloppieren, so wie ich es getan habe, streckenweise begleitet von vortrefflichen Menschen, Ratschlägen, Beifall und Orchestralmusik, aber im Grunde allein, denn alle Begleitung hielt sich, um im Bilde zu bleiben, weit vor der Barriere. Diese Leistung wäre unmöglich gewesen, wenn ich eigensinnig hätte an meinem Ursprung, an den Erinnerungen der Jugend festhalten wollen. Gerade Verzicht auf jeden Eigensinn war das oberste Gebot, das ich mir auferlegt hatte; ich, freier Affe, fügte mich diesem Joch. Dadurch verschlossen sich mir aber ihrerseits die Erinnerungen immer mehr. War mir zuerst die Rückkehr, wenn die Menschen gewollt hätten, freigestellt durch das ganze Tor, das der Himmel über der Erde bildet, wurde es gleichzeitig mit meiner vorwärts gepeitschten Entwicklung immer niedriger und enger; wohler und eingeschlossener fühlte ich mich in der Menschenwelt; der Sturm, der mir aus meiner Vergangenheit nachblies, sänftigte sich; heute ist es nur ein Luftzug, der mir die Fersen kühlt; und das Loch in der Ferne, durch das er kommt und durch das ich einstmals kam, ist so klein geworden, daß ich, wenn überhaupt die Kräfte und der Wille hinreichen würden, um bis dorthin zurückzulaufen, das Fell vom Leib mir schinden müßte, um durchzukommen. Offen gesprochen, so gerne ich auch Bilder wähle für diese Dinge, offen gesprochen: Ihr Affentum, meine Herren, soferne Sie etwas Derartiges hinter sich haben, kann Ihnen nicht ferner sein als mir das meine. An der Ferse aber kitzelt es jeden, der hier auf Erden geht: den kleinen Schimpansen wie den großen Achilles.

Diese Ich-Erzählung beschränkt sich ausschließlich auf den Horizont, auf die Erfahrungen und Wahrnehmungen dessen, der da spricht. Er trägt den ihm verhassten Spitznamen Rotpeter, wegen einer roten Narbe im Gesicht. Es spricht ein Lebewesen, das weder Affe noch Mensch ist, sondern dazwischen steht und aus dieser Position einen Blick zurück auf sein «äffisches Vorleben» wirft. Wenn es dann heißt «Ich, freier Affe, fügte mich diesem Joch», dann ist das eine schönfärberische Interpretation der Tatsache, dass Jäger diesen Affen auf freier Wildbahn mit Schüssen verletzt und ihn in einen Käfig gesperrt haben, so dass ihm gar nichts anderes blieb, als sich zu fügen. Die Menschwerdung geschieht durch «Verzicht auf Eigensinn», also durch die Einsicht in die Notwendigkeit – anders gesagt durch die Herrschaft der Vernunft über den Trieb. Darin aber fühlt sich Rotpeter den versammelten Herren der Akademie mit Recht verwandt, und obgleich er einerseits die Höflichkeitsformeln des akademischen Vortrags beherrscht und anwendet, nutzt er ihn zugleich zu einer subtilen Rache, indem er auf das «Affentum» der Zuhörer anspielt. Am Ende heißt es:

Komme ich spät nachts von Banketten, aus wissenschaftlichen Gesellschaften, aus gemütlichem Beisammensein nach Hause, erwartet mich eine kleine halbdressierte Schimpansin und ich lasse es mir nach Affenart bei ihr wohlgehen. Bei Tag will ich sie nicht sehen; sie hat nämlich den Irrsinn des verwirrten dressierten Tieres im Blick; das erkenne nur ich und ich kann es nicht ertragen.

Sie sehen, welche Freiheiten, welchen Erkenntnisgewinn diese kunstvoll eingeschränkte Erzählperspektive eröffnet. Rotpeters Bericht ist nichts anderes als eine fundamentale Kritik an der Zivilisation, und selbst die harmlosen nächtlichen Vergnügungen mit der kleinen Schimpansin enthalten den deutlichen Hinweis auf die animalische, tierische Seite des Menschen, die sich in der fleischlichen Begierde zeigt.

Wer spricht? Die Frage stellt sich eigentlich bei allen Texten, und sie richtig zu beantworten ist nicht selten eine Vorbedingung zum Verständnis. So reizvoll der allwissende, allmächtige auktoriale Erzähler einerseits auch ist, denn er vermag es, Armeen zu befehligen, Wetterumschwünge herbeizuführen und ins rätselvolle Herz des Menschen zu blicken, so reizvoll kann andererseits die Beschränkung auf eine besondere Perspektive sein, auf einen scharf fokussierten Scheinwerfer, der die Dinge grell beleuchtet und fremdartig macht. Einen solchen Blick findet man in der «Blechtrommel» (1959) von Günter Grass. Hier der Anfang:

Zugegeben: ich bin Insasse einer Heil- und Pflegeanstalt, mein Pfleger beobachtet mich, läßt mich kaum aus dem Auge; denn in der Tür ist ein Guckloch, und meines Pflegers

Auge ist von jenem Braun, welches mich, den Blauäugigen, nicht durchschauen kann. Mein Pfleger kann also gar nicht mein Feind sein.

Auch das ist ungewöhnlich (und hat damals, als der Roman erschien, Irritationen und Aggressionen hervorgerufen): Dass ein Verrückter, ein Geisteskranker der Ich-Erzähler sein soll. Oskar Matzerath mag zwar verrückt sein, aber geistesschwach ist er nicht. Im Gegenteil, mit dem grausam klarsichtigen Auge des Kindes blickt er auf die Welt der Erwachsenen, auf ihre Brutalität, Gemeinheit, Feigheit, auf ihre ideologische Verblendung (der Roman spielt in der Nazizeit) und auf ihre Betrügereien. Oskar ist ein Kind nur der Gestalt nach, er leidet unter Zwergwuchs und nutzt diesen Makel dazu, auch dann noch das Kind zu spielen, als er schon die Mannbarkeit erreicht hat. Nie sieht man ihn ohne seine Blechtrommel, und wenn sie ihm einer wegnehmen will, schreit er so schrill, dass Glas zerspringt.

Oskar ist es, der seinen Pfleger Bruno darum bittet, ihm «fünfhundert Blatt unschuldiges Papier» zu besorgen, und auf dieses unschuldige Papier schreibt er diesen Roman, eine Geschichte auch der deutschen Schuld. Schon auf der zweiten Seite skizziert er sein literarisches Programm:

Man kann eine Geschichte in der Mitte beginnen und vorwärts wie rückwärts kühn ausschreitend Verwirrung anstiften. Man kann sich modern geben, alle Zeiten, Entfernungen wegstreichen und hinterher verkünden oder verkünden lassen, man habe endlich und in letzter Stunde das Raum-Zeit-Problem gelöst. Man kann auch ganz zu Anfang behaupten, es sei heutzutage unmöglich, einen Roman zu schreiben, dann aber, sozusagen hinter dem eigenen Rücken, einen kräftigen Knüller hinlegen, um schließlich als letztmöglicher Romanschreiber dazustehn. Auch habe ich mir sagen lassen, dass es sich gut und bescheiden ausnimmt, wenn man anfangs beteuert: Es gibt keine Romanhelden mehr, weil es keine Individualisten mehr gibt, weil die Individualität verloren gegangen, weil der Mensch einsam, jeder Mensch gleich einsam, ohne Recht auf individuelle Einsamkeit ist und eine namen- und heldenlose einsame Masse bildet. Das mag alles so sein und seine Richtigkeit haben. Für mich, Oskar, und meinen Pfleger Bruno möchte ich jedoch feststellen: Wir beide sind Helden, ganz verschiedene Helden, er hinter dem Guckloch, ich vor dem Guckloch.

Sie erkennen an dieser Passage, dass die Erzählfigur des Anstaltsinsassen Oskar eher fantastisch als realistisch ist, denn selbst der schlaue Oskar wird sich kaum in Romantheorien ausgekannt haben, und ebenso unwahrscheinlich ist, dass er die Zeugung seiner Mutter Agnes an einem windigen Oktobertag des Jahres 1899, auf einem Kartoffelacker und unter den vier Röcken seiner Großmutter Anna Bronski, aus eigenem Wissen detailliert beschreiben könnte. Nein, das alles hat sich der große Grass ausgedacht, der sich hier als Blechtrommler verkleidet und die Verrücktheit der Welt dadurch sichtbar macht, dass er einem Verrückten das Wort erteilt.

In seiner aphoristischen Sammlung «Windstriche» bemerkt Paul Valéry «bei Hugo, bei Mallarmé und bei einigen andern eine Neigung, nichtmenschliche und in gewisser Weise *absolute* Reden zu dichten – Reden, die einen an irgendein unpersönliches Wesen denken lassen – eine Gottheit der Sprache –, die die Allmacht der Gesamtheit der Wörter erleuchtet. Die Macht zu reden redet selber; redet und wird trunken, wird trunken und tanzt.» Dieses trunkene, selbstvergessene, tanzende Schreiben hat gewissermaßen keinen Autor mehr, es zeugt sich selbst fort. In solchen Fällen, und oft sind es die schönsten der Literatur, ist also die Frage «Wer spricht?» nicht leicht zu beantworten. Natürlich zunächst einmal der, dessen Name auf dem Buchdeckel steht. Aber dem kann es ergehen wie dem Dichter Lombardo in Melvilles Roman «Mardi» (1849), von dem es heißt: «Wenn er schrieb, war er nicht sein eigener Herr, sondern bloß ein Gehilfe, der nach Diktat schrieb.» Und damit meint Melville sich selbst. Denn dieser Roman, der zunächst wie ein Seefahrerstück (der Held desertiert von einem Walfangboot) beginnt, sich dann zu einer Südseegeschichte erweitert (hier noch als Ich-Erzählung), gerät nach und nach außer Rand und Band, so dass immer unklarer wird, was man da eigentlich vor sich hat.

Den Helden (sein Name ist Taji) verschlägt es nach mancherlei Abenteuern ins Königreich Mardi, das von dem König Media beherrscht wird. Die beiden freunden sich an, und König Media lässt es sich nicht nehmen, Taji auf einer Reise durch die Inselwelt Mardis zu begleiten. Gefolgt von dem Historiker Mohi, dem Poeten Yoomy und dem Philosophen Babbalanja besteigen sie drei Kanus, angefüllt mit Brot und Wein, entfernen sich immer mehr aus der wirklichen Welt und gleiten hinüber ins Reich der Allegorien.

Jetzt macht Melville sämtliche Leinen des herkömmlichen Erzählens los und scheint sogar die anfängliche

Konstruktion seiner Geschichte völlig zu vergessen. Der Ich-Erzähler verschwindet zu Gunsten Tajis, und auch der löst sich nach und nach in ein Phantom auf. Die Bedenkenlosigkeit, mit der Melville sich unbrauchbar gewordener Personen entledigt, grenzt ans Unverschämte. Kein Wunder, dass die zeitgenössischen Kritiker diesen Spuk nicht mitmachen wollten. Die Verstöße gegen Grundgesetze des literarischen Handwerks sind derart offenkundig, dass sie weder Zufall noch Unvermögen sein können, und derart massiv, dass sie eine neue Qualität schaffen.

Melville bindet sich selbst an diesen Roman wie an eine Rakete, zündet den Treibsatz und rauscht mit ihr durchs wilde Kurdistan seiner Fantasien und Philosophien. Schon hier, rund zehn Jahre vor den ersten «Grashalmen» des großen amerikanischen Dichters Walt Whitman, hebt Melville whitmanisch zu singen an:

> Doch unter mir, am Äquator, pulst und hämmert die Erde wie das Herz eines Kriegers; bis ich nicht mehr weiß, ob dieses Pochen nicht doch von mir kommt. Und meine Seele versenkt sich in die Tiefen und erhebt sich zu den Himmeln; und wirbelt kometengleich durch solche grenzenlose Weiten, daß mich dünkt, alle Welten seien mir verwandt.

> Und dann aber:

> Meine Wange erbleicht, während ich diese Zeilen schreibe, ich erschrecke beim Kratzen meiner Feder. Die Adler, die ich ausgebrütet habe, verschlingen mich. Meine Gedanken schmettern mich nieder, bis ich wimmere.

Inzwischen befinden wir uns fast am Ende des Romans, und wir begreifen: Mardi ist die ganze Welt. Denn die Reisenden sind mit ihren Kanus bis nach England und zu den Vereinigten Staaten vorgedrungen, sie haben den südamerikanischen Kontinent umrundet, und bald werden sie Serenia erreichen, die Insel der Glücklichen und Rechtschaffenen.

«Mardi» zeige, so heißt es einmal, dass die Welt in Episoden zerfällt, es gibt den Zusammenhang nicht mehr. Und so zerfällt auch der Mensch in einzelne Teile, deren Zusammenhalt allzeit prekär erscheint. Was heißt Ich? Babbalanja sagt: «In der Zeit eines Lebens führen wir hunderte Leben.» Und er fügt hinzu: «Wir sind mit Geistern und Gespenstern angefüllt; wie in Totenäckern sind Leichen in uns vergraben, die in unserer Gegenwart zu leben anfangen: Alle unsere toten Ahnen stecken in uns, das ist ihre Unsterblichkeit.»

Schon hier also, in der Mitte des 19. Jahrhunderts, löst sich das erzählende Ich auf, und das ist, anders als in der polemischen Darstellung, die ich aus dem Beginn der «Blechtrommel» zitiert habe, sehr ernst gemeint, es enthüllt einen tiefen Zweifel an der hilfreichen, aber doch naiven Vorstellung, wenn jemand «ich» sage, sei alles klar. Denn in diesem Ich spricht die Herkunft mit, die Geschichte, die Kultur.

Sie sehen also: Die Frage, wer da erzählt, kann in ein ziemlich verwirrendes Dickicht weiterer Fragen führen, und das ist insofern nicht überraschend, als die Literatur immer auch dazu da war und ist, den Rätseln des menschlichen Daseins, der menschlichen Selbstwahrnehmung auf die Spur zu kommen, und sie tut das, anders als die Philosophie, auf erzählende Weise. Und dann kann es passieren, dass nicht nur die Menschen sprechen, nicht nur die Tiere (wie bei Kafka), sondern auch die Dinge, es kann plötzlich sein, dass die hereinbrechende Dämme-

rung wie ein Lebewesen erscheint und der Wind wie ein
Tier. Lesen Sie die folgende Passage:

> So begann denn, als alle Lampen aus waren, der Mond unter-
> gegangen war und ein dünner Regen auf das Dach trom-
> melte, eine ungeheure Finsternis herabzuströmen. Nichts,
> so schien es, würde die Flut, die Üppigkeit der Finsternis
> überleben können, die durch Schlüssellöcher und Ritzen
> hereinquoll, sich durch Gardinen hereinstahl, in Schlafzim-
> mer stieg, hier ein Waschgeschirr verschluckte, dort ein Ge-
> fäß mit rotgelben Dahlien, dort die scharfen Kanten und die
> unverrückbare Masse einer Kommode. Nicht nur die Möbel
> gerieten durcheinander; kaum etwas war übrig geblieben
> von Körper oder Geist, anhand dessen sich hätte sagen las-
> sen, «Das ist er» oder «Das ist sie». Manchmal erhob sich
> eine Hand, als wollte sie etwas umklammern oder fortscheu-
> chen, oder jemand stöhnte oder jemand lachte laut, als
> scherzte er mit dem Nichts. Nichts rührte sich im Salon oder
> im Esszimmer oder auf der Treppe. Nur zwischen rostigen
> Angeln und gequollenem seefeuchtem Holzwerk stahlen
> sich gewisse Lüfte, die sich vom Hauptstrom des Windes
> (das Haus war schließlich baufällig) gelöst hatten, um die
> Ecken und wagten sich ins Innere. Fast meint man, sich vor-
> stellen zu können, wie sie den Salon betraten, voller verwun-
> derter Fragen, mit der lose herabhängenden Tapete spiel-
> ten und sie fragten, ob sie wohl noch lange dort hängen,
> wann sie abfallen würde. (In diesem Augenblick blies
> Mr Carmichael, der Vergil las, seine Kerze aus. Es war nach
> Mitternacht.)

Ist das nicht wunderbar? Die vielen Menschen, die wir im
ersten Teil dieses Romans (Virginia Woolf, «Zum Leucht-

turm», 1927) kennen gelernt haben, Mrs Ramsay, ihren Mann, ihre Kinder und weitere Gäste dieses Sommerhauses irgendwo im Norden Englands, sie alle schlafen nun, auch Mr Carmichael macht das Licht aus, und alle Dinge, das Haus, die Vase mit den Dahlien, die Möbel fangen ein träumerisches Leben an. Das reiche, minuziös beschriebene Wechselspiel der Gefühle und Wünsche, der Sorgen, Hoffnungen und Bedürftigkeiten, das alle den Tag über geplagt, umgetrieben, miteinander verbunden oder gegeneinander aufgebracht hat – nun ruht es, die Nacht ergreift Besitz von allem, die Zeit steht still. Sie steht nicht nur still, sie ist, da nun die Herrschaft der Dinge begonnen hat, gegenstandslos geworden. Dass Mrs Ramsay gestorben ist, erfahren wir in einem kleinen eingeklammerten Satz. Er schockiert uns, macht uns traurig, und erst jetzt werden wir der Tatsache gewahr, dass sich diese Nacht viele Jahre später am selben Ort ereignet.

Wer erzählt hier? Auch dies, so kommt mir vor, ist ein Beispiel für das «trunkene» Erzählen, dessen Urheber das Feld des definierten, umgrenzten Ichs überschreitet, der sich vervielfältigt, dessen Sinnesorgane traumwandlerisch in jeden Winkel des Hauses, in jeden Winkel der Seele kriechen, alles mit kluger, unersättlicher Neugier. Das müsste gar nicht aufhören, findet sein Ende nur in der Endlichkeit dessen, der schreibt, und dessen, der da liest. (Im dritten Teil, um das noch zu sagen, findet die Segelfahrt zum Leuchtturm – das eigentliche und einzige Handlungsmotiv der Geschichte – endlich statt, aber nun ist alles anders, Zeit ist vergangen, die Menschen sind älter geworden, einige leben nicht mehr, darunter, wie gesagt, Mrs Ramsay, die zentrale Gestalt der Geschichte.)

Ich nutze die Gelegenheit, um Ihnen eine nützliche

Unterscheidung der Literaturwissenschaft an die Hand zu geben, nämlich die zwischen «Erzählzeit» und «erzählter Zeit». Die erzählte Zeit ist ganz einfach die zeitliche Strecke, die von der Erzählung beschrieben wird, also im Fall des Kohlhaas die Dauer seiner Fehde mit dem Junker von Tronka (ein paar Monate etwa), im Fall Oskars die Zeit von der Zeugung seiner Mutter bis zu seiner schlussendlichen Verbringung in ein Irrenhaus (rund ein halbes Jahrhundert) oder im Fall Oblomows, jedenfalls der ersten zweihundert Seiten, ein einziger Vormittag. Die Erzählzeit wiederum ist die Dauer der Erzählung selbst, also die Zeit, die der Text sich nimmt, um eine bestimmte Strecke zu erzählen. Die Erzähldauer ist nicht exakt anzugeben, sie bemisst sich nach der Zeit, die man braucht, um die entsprechende Textstrecke zu lesen, einfacher gesagt: nach der Menge der Buchseiten. Das heißt, dass der Erzähler die Zeit raffen oder verlangsamen kann. Normalerweise rafft er sie, etwa mit Formulierungen wie «Am nächsten Tag...», was bedeutet, dass er einige Stunden übersprungen hat; oder wie «Der Frühling kam...», was bedeutet, dass er einige Monate ausgelassen hat (wenn die Szene davor im Winter spielte).

Was soll mir das?, fragen Sie. Mithilfe dieser Unterscheidung können Sie den Erzählrhythmus genauer beschreiben. Er entsteht durch die unterschiedliche Geschwindigkeit der beiden Zeiten, der Erzählzeit und der erzählten Zeit. Dieser Rhythmus aber ist entscheidend für Ihr Lesegefühl, für die Wirkung des Textes auf Ihre Gedanken und Empfindungen. Der berühmte «Ulysses» des James Joyce zum Beispiel schildert auf vielen hundert Seiten den Verlauf eines einzigen Tages. Der kürzere «Robinson» erzählt die Geschichte eines ganzen Lebens. Es ist klar, dass diese unterschiedlichen Geschwindigkeiten auf die Struktur des Textes großen Einfluss haben. Im einen Fall gleicht der Autor einem Forscher, der durchs Mikroskop blickt; im andern einem Maler, der ein Landschaftspanorama studiert. Schauen Sie jetzt noch einmal auf die Passage aus Virginia Woolfs «Leuchtturm». Die Erzählzeit ist etwa eine Buchseite lang. Und die erzählte Zeit? Vielleicht Minuten, vielleicht aber auch null, denn die gemessene Zeit ist an die Wahrnehmung des Menschen gebunden, und diese Zeit ist hier aufgehoben. Das erklärt die traumwandlerische Wirkung des Textes.

Dieser hier verfährt ganz anders:

> Vor vielen Jahren lebte in Zuchnow ein Mann namens Mendel Singer. Er war fromm, gottesfürchtig und gewöhnlich, ein ganz alltäglicher Jude. (…)
> Gott hatte seinen Lenden Fruchtbarkeit verliehen, seinem Herzen Gleichmut und seinen Händen Armut. Sie hatten kein Gold zu wägen und keine Banknoten zu zählen. Dennoch rann sein Leben stetig dahin, wie ein kleiner armer Bach zwischen kärglichen Ufern.

Mit dem Anfang von Joseph Roths Roman «Hiob» (1930) will ich dieses Kapitel über Erzählhaltungen und Erzählperspektiven abschließen. Woran erinnert dieser Ton? Es ist der Ton der Märchen, der frommen Legenden. Die haben eigentlich keinen Autor, sie entstehen anonym durch Erzählung, sie leben weiter durch mündliche Überlieferung, und derjenige, der sie weitergibt, hat keine Verantwortung für den Inhalt, sondern nur für die möglichst getreue Wiederholung. Gewiss: diese Erzählhaltung ist eine Kunstfigur, denn Joseph Roth hat die Geschichte erfunden. Und doch stellt er sie in eine doppelte Tradition: einerseits in die des Märchens, was man an der schlichten, märchenhaften Sprache erkennen kann; andererseits in die der alttestamentarischen Geschichte von Hiob, der ein frommer Mann war und den Gott mit fürchterlichen Schicksalsschlägen verfolgte, um seine Standhaftigkeit zu prüfen. Auch Roths Hiob wird vom Unglück verfolgt, aber am Ende, wie im Märchen, wird alles wieder gut.

Ich will den Roman nicht erzählen, sondern empfehle ihn dringend Ihrer Lektüre. Er ist der schönste von Roth und einer der schönsten überhaupt. Wenn ich das simple Wort «schön» benutze, so hängt das eben mit diesem Märchenton zusammen. Er erlaubt es nämlich dem Autor, ganz hinter seine Geschichte zurückzutreten und sie so vorzutragen, wie vielleicht ein Sänger ein altes Lied vorträgt. Das Lied ist ganz einfach, leicht zu verstehen, und jetzt kommt es nur auf die Musikalität und die Inbrunst des Sängers an. Ein solcher Sänger ist Roth, was man an folgendem Satz sieht (die ostgalizische Familie Singer schickt sich zur Auswanderung nach Amerika an und ist eben an Bord des Schiffes gegangen):

In diesem Augenblick erdröhnten die Sirenen. Die Maschinen begannen zu poltern. Und die Luft und das Schiff und die Menschen erzitterten. Nur der Himmel blieb still und blau, blau und still.

In der Wiederholung und Umstellung der beiden Wörter «still» und «blau» schließt sich der Kreis, der des Himmels und der von Mendels bisherigem Leben auf dem alten Kontinent. Das ist ein sehr einfacher Kunstgriff, aber man muss auf ihn kommen. Um zu wirken, benötigt er den schlichten, scheinbar einfältigen, auf alle reflexiven Brechungen verzichtenden Märchenton. So einfach, so leicht zu schreiben, ist ziemlich schwer, und unter allen, die diese Erzählweise praktiziert haben, war Roth der größte Könner.

Das ist nun ein langes Kapitel geworden, aber wir sind nun, um das Bild von der Gebirgswanderung aufzunehmen, schon ziemlich weit oben angelangt.

Sechste Pause
Wo liest man was?

Es soll Menschen geben, die sich Christoph Ransmayrs Roman über eine Polarexpedition, «Die Schrecken des Eises und der Finsternis», an die Costa del Sol mitnehmen und in die Skihütte einen der fast immer in tropischer Hitze spielenden Romane Graham Greenes.

Ich kann die Wirkung einer solchen klimatisch gegenläufigen Lektüre nicht bestätigen. Mir hat die im kühlen England beheimatete «Glastonbury Romance» von John Cowper Powys nicht geholfen, einen glühenden Menorca-Urlaub besser zu ertragen. Aber ich hätte, um bei dem Beispiel zu bleiben, diesen monströs detailverliebten und esoterisch spintisierenden Roman an einem anderen Ort oder in einem anderen Augenblick gar nicht lesen können. Erst die vollkommene Untätigkeit, zu der mich die Hitze verdammte, verlangsamte meine Geistestätigkeit derart, dass sie sich gegen die Langsamkeit dieses Buchs nicht mehr sperrte.

Besser als klimatische Erwägungen scheinen mir solche

des Tempos. Es gibt eben schnelle und langsame Bücher (siehe dazu unsere Überlegungen zur Erzählzeit und erzählten Zeit), und wie man mit ihnen zurechtkommt, hängt sehr von dem inneren Tempo ab, in dem man sich gerade befindet. Es könnte also sein, dass Ferien, in denen Sie sportlich aktiv sind (segeln oder surfen), kein guter Augenblick für langsame Bücher wie den «Tristram Shandy» sind. Falls Sie überhaupt daran denken, ihn zu lesen, sollten Sie vielleicht nach Menorca fahren.

Generell kann ich Sie nur davor warnen, zu wenige Bücher mitzunehmen. Es kann passieren, dass Sie sich plötzlich von einer unerklärlichen Abneigung gegen ein bestimmtes Buch erfasst sehen, das Sie schon immer mal lesen wollten und das jetzt ungelesen und unlesbar auf der Terrasse liegt. Trauen Sie auch Ihren besten Freunden nicht. Was die als wunderbare Lektüre preisen, verdankt sich oft auch nur dem günstigen Augenblick.

Es ist keine geringe Kunst, das richtige Buch für den richtigen Augenblick zu wählen, und ich sehe keinen Weg, wie ich Ihnen dabei helfen könnte. Trauen Sie Ihrer Intuition, lesen Sie ein paar Seiten, dann entscheiden Sie. Und wenn es trotzdem schief gegangen ist, dann müssen Sie halt zum nächsten Kiosk und Stephen King oder Grisham kaufen, schaden tut das nicht.

Einmal stand ich an einem solchen Kiosk und sah, wie eine Frau zu «Effi Briest» griff. Sie fragte ihren Mann, ob er das Buch kenne, worum es da gehe. «Nicht genau», sagte er, «ich glaube, das ist so eine traurige Ehegeschichte.» Da stellte die Frau das Buch in den Drehständer zurück.

Siebtes Kapitel

Über Romane, die ihren eigenen Regeln folgen

In seinem Roman «Die Falschmünzer» (1925) lässt André Gide einen Schriftsteller namens Edouard auftreten,
der damit schwanger geht, einen Roman mit dem Titel
«Die Falschmünzer» zu schreiben. Die Geschichte spielt
hauptsächlich im Kreis einiger großbürgerlicher Pariser
Familien und deren Kinder. Darunter sind ein paar Gym-
nasiasten mit literarischer Ambition. Sie geraten in den
Bannkreis eines gewissen Passavant, der homosexuell ist,
viel Geld besitzt und die Knaben durch das verlockende
Ambiente von Luxus und literarischem Glanz an sich bindet. Er selbst ist ebenfalls Schriftsteller, allerdings nur ein
Salonliterat.

Der Titel «Die Falschmünzer» bezieht sich darauf, dass
fast alle Personen der Geschichte ein verfälschendes und
verfälschtes Leben führen, weil sie entweder bewusst täuschen, sich selbst und ihre Nächsten (es gibt sogar eine
Gruppe jüngerer Schüler, die im Auftrag einer Bande
Falschgeld in Umlauf bringt); oder weil sie sich grausam
täuschen – über ihre eigenen Motive und die der anderen.
Das bedeutet auch, dass die Zuneigungen und Liebesbe-
ziehungen der verschiedenen Personen auf komplizierte
Weise unaufrichtig oder unausgesprochen oder unver-
wirklicht bleiben. Und es bedeutet schließlich, dass der
Wahrheitsanspruch der Literatur (und ohne den kann sie
nicht existieren) davon in Mitleidenschaft gezogen wird.

Einmal erleben wir ein Gespräch zwischen Edouard und seinen Freunden. Sie fragen ihn, ob er ihnen etwas über den im Entstehen begriffenen Roman erzählen könne, falls ihm das nicht unangenehm sei. «Unangenehm? Durchaus nicht! Aber ich kann Ihnen den Inhalt nicht erzählen.» Nun fragt Laura – sie liebt ihn, aber weil sie fälschlich glaubt, er liebe sie nicht, verbirgt sie ihre Zuneigung und stellt dumme Fragen –, Laura also fragt, «womit sein neues Buch denn Ähnlichkeit haben werde».

«Mit nichts!», schrie er. Und fuhr, als habe er auf diese Gelegenheit nur gewartet, aufgeregt fort: «Warum sollte ich noch einmal machen, was andere schon gemacht haben, oder was ich selbst schon gemacht habe, oder was andere ebensogut machen könnten wie ich?»

Edouard beruhigt sich allmählich und hält eine kleine Ansprache:

«Von allen literarischen Gattungen bietet der Roman die freieste, am wenigsten durch Regeln eingeengte Form. Ist nun vielleicht gerade das – oder am Ende gar die Furcht vor dieser Freiheit selbst (denn die Künstler, so sehr sie nach Freiheit gieren, wissen meistens nichts mit ihr anzufangen) – der Grund, warum der Roman sich stets so ängstlich an die Wirklichkeit geklammert hat?»

Er selbst ist der Meinung, der Roman solle sich freihalten von allen realistischen oder naturalistischen Anstrengungen. Er sei nicht dazu da, die Wirklichkeit abzubilden. Aber die Freunde bleiben hartnäckig und fragen nach dem Thema seines Romans.

«Er hat keins», antwortete Edouard brüsk. «Ja, das ist vielleicht das Merkwürdigste: Mein Roman hat kein Thema.»

Edouard erläutert diese radikale Behauptung, indem er sich von jenen früheren Romanen absetzt, die einen «Ausschnitt aus dem Leben» geben wollten:

«Der große Fehler bestand darin, diese programmatische Schnitte vom Brote der Realität in einer stets gleichbleibenden Dimension, nämlich der Zeit nach, der Länge nach, schneiden zu wollen. Warum nicht auch einmal der Breite nach? Oder der Tiefe nach? Was mich betrifft, ich möchte überhaupt nicht schneiden!»

Sie sehen, lieber Leser, wir nähern uns wieder einmal dem heiklen Verhältnis von Roman und Wirklichkeit. André Gide gibt der Sache eine weitere Drehung: Sein Held will mit der Wirklichkeit sozusagen nichts zu tun haben. Mehr noch: Er will eine Wirklichkeit eigener Qualität herstellen. Gide nun vervielfacht diese Wirklichkeit, indem er seinen Roman auf zwei verschiedenen Ebenen spielen lässt. Da sind einerseits die Tagebücher Edouards, die er übrigens einmal verliert und die dann von unbefugten Augen gelesen werden; andererseits gibt es einen Erzähler, der uns die Situationen und Personen, die auch in den Tagebüchern vorkommen, aus größerer Distanz schildert. Mit seinen Augen sehen wir Edouard durchaus kritisch, sehen seine Beschränktheit, und deshalb dürfen wir die zitierte Romantheorie nicht völlig für bare Münze nehmen. Auch sie ist Teil der allgemeinen Falschmünzerei, und Edouard unterscheidet sich von ihr nur dadurch, dass er inbrünstig versucht, aus ihr herauszufinden. Das gilt auch für Gide, der hier seinen eigenen Roman im Roman seines Helden spiegelt.

Worauf ich in diesem Kapitel hinauswill: Edouards Erstaunen darüber, dass der Roman die freieste aller literarischen Gattungen sei (was ich bezweifle, denn die moderne Lyrik, befreit vom Formzwang, ist noch freier), dass er sich aber zugleich immer wieder an die so genannte Wirklichkeit fessele, diese Beobachtung, dieses Missbehagen führt immer wieder zu Versuchen, den Roman autonom zu machen, ihn also abzulösen von außerliterarischen Vorgaben und Vorsätzen. Mit anderen Worten: Gewisse Schriftsteller sehen im Roman ein komplexes Spiel, das seinen eigenen Regeln folgt und sich nicht mehr (oder kaum noch) auf ein Äußeres bezieht, sondern vor allem auf sich selbst.

Bevor Sie jetzt abwinken und sagen, dass Ihre Neigung, solche komplizierten Sachen zu lesen, eher gering sei, nenne ich Ihnen Namen wie Italo Calvino oder Paul Auster. Vielleicht kennen Sie deren Romane, die allesamt äußerst unterhaltsam sind, und einige davon sind geradezu Bestseller geworden, etwa Calvinos «Wenn ein Reisender in einer Winternacht» (1979) oder Austers «Nacht des Orakels» (2003).

Man kann die Frage, um die es hier geht, auch so formulieren: Der Roman gleicht einem Bauwerk, und der Autor steht als Baumeister vor der Aufgabe, den Zweck, die Logik seiner Architektur zu bestimmen. Er hätte, um im Bild zu bleiben, die Möglichkeit, eine Fabrikhalle zu bauen, und stünde dann ganz im Dienst dieser funktionalen Aufgabe. Ihr haben sich etwa die Autoren des so genannten sozialistischen Realismus unterzogen. Er könnte auch eine Villa bauen, bei der die Funktion eine wichtige, aber bei weitem nicht die einzige Rolle spielt. Dass sie schön werde, was immer das bedeutet, entspricht sicherlich dem Wunsch des Bauherrn, wenn auch nicht immer seinen Möglichkeiten. Schließlich könnte er eine Kathedrale, ein Schloss entwerfen oder, modern gesprochen, ein Museum, und hier träte die Funktion an den Rand. Am äußersten Punkt dieser denkbaren Skala stände eine Architektur, die nur noch sich selbst ausdrückt oder eine Idee. Wenn man an die Pyramiden denkt, an den Escorial Philipps II., an Oscar Niemeyers Brasilia-Gebäude oder an Boullées Newton-Denkmal, dann sieht man, dass eine solche Architektur nicht selten großartige, erhabene Monumente hervorbringt, bei denen sich die Frage nach der Brauchbarkeit erübrigt (wobei das Newton-Denkmal allerdings leider Entwurf geblieben ist).

Romane, wenn auch nicht alle, sind Kunstwerke, und sie sind frei in ihrem Ziel und ihrem Zweck. Einige der schönsten, und darum soll es hier gehen, nutzen diese Freiheit, um verwegene, nie geschaute Gebilde zu errichten. Und da wir gerade von Architektur reden, fällt mir der Übergang zu einem der erstaunlichsten Romane leicht, die je geschrieben worden sind, zu dem Roman «Das Leben. Gebrauchsanweisung» von Georges Perec (1978). Er nämlich spielt in einem großen Pariser Miethaus, und er ist selbst ein Haus. Die 99 Kapitel beginnen alle in einem der Räume oder Wohnungen dieses mächtigen Altbaus aus der Jahrhundertwende, sie schildern detailliert die Einrichtung und ihre Herkunft, das Mobiliar, die Bilder an der Wand, die Bücher im Regal, den Nippes auf dem Tisch, so dass wir schon aus dieser intimen Perspektive einigen Aufschluss über den oder die Bewohner erlangen; sie erzählen die Geschichte dieser Bewohner, ihr zuweilen tragisches, dann wieder kurioses Schicksal, sie blenden zurück in die Vorgeschichte der jeweiligen Mieter oder Eigentümer, und allmählich entsteht ein reiches Geflecht von Beziehungen und Biografien.

Zugleich entwickelt der Autor eine brennende Neugier auf nahezu jeden einzelnen Gegenstand: Er liest und erforscht ihn wie ein Buch mit sieben Siegeln und zögert nicht, diese Siegel zu öffnen – und damit eine ganze Welt. Denn er steigt hinab in die Tiefe der Geschichte, und er schweift aus in andere Räume, exotische, banale, bizarre. Einmal begibt er sich in den Keller und inspiziert das Depot der Altamonts, einer wohlhabenden, ordentlichen, aber offenbar von einem extremen Sicherheitsbedürfnis erfüllten Familie:

Der Keller der Altamonts, sauber, gut aufgeräumt, einwandfrei: vom Boden bis zur Decke Regale und Gefächer mit breiten, gut lesbaren Etiketten. Jedes Ding hat seinen Platz und jedes Ding ist an seinem Platz; man hat an alles gedacht: Vorräte, Lagerbestände, genug, um eine Belagerung zu überstehen, genug, um im Fall einer Krise zu überleben, genug, um im Kriegsfall durchzuhalten. Die linke Wand ist den Nahrungsmitteln vorbehalten. Zuerst die Grundnahrungsmittel: Mehl, Gries, Maizena, Kartoffelstärke, Tapioka, Haferflocken, Würfelzucker, Puderzucker, Raffinadezucker, Salz, Oliven, Kapern, Gewürze, große Gläser mit Senf und Gurken, Kanister mit Speiseöl ...

Ich unterbreche hier, denn die Liste geht noch eine ganze Buchseite weiter, bis sich der Autor der nächsten Wand zuwendet:

Die hintere Wand und der größte Teil der rechten Wand sind Flaschen vorbehalten, die in Gestellen aus plastikumwickeltem Eisendraht liegen, und zwar in einer offensichtlich kanonischen Reihenfolge: zuerst die sogenannten Tafelweine, dann die Beaujolais, Côtes-du-Rhône sowie Loire-Weißweine vom letzten Jahr, dann die Weine von begrenzter Haltbarkeit, Cahors, Bourgueil, Chinon, Bergerac, und schließlich der richtige Keller, der große Keller, zu dem es ein Kellerbuch gibt, in dem jede Flasche eingetragen ist...

Auch hier unterbreche ich, denn nun werden alle diese wunderbaren Weine, die da liegen, namentlich aufgezählt. Dann geht es hinüber zur äußersten Rechten, wo die Pflegemittel aufbewahrt werden, die Glühbirnen, die Streichhölzer und so fort. Nun aber der nächste Keller:

Der Keller der Gratiolets. Generationen haben dort den Abfall aufgetürmt, den nie jemand sortiert oder geordnet hat. Er liegt drei Meter tief unter der mißtrauischen Bewachung einer dicken Tigerkatze, die ganz oben, auf der anderen Seite des Kellerfensters kauernd, durch das Gitter hindurch auf das unerreichbare und dennoch nicht ganz unmerkliche Trippeln einer Maus lauert. Das Auge, das sich langsam an die Dunkelheit gewöhnt, würde schließlich unter der feinen, grauen Staubschicht verstreute Reste erkennen, die von allen Gratiolets herrühren: der Rahmen und die Pfosten eines Kastenbetts, Hickory-Skis, die schon längst ihre ganze Elastizität verloren haben, ein Tropenhelm von einst makellosem Weiß, Tennisschläger, die in ihren trapezförmigen Klemmen stecken, eine alte Underwood-Schreibmaschine, aus der berühmten Serie der *Vier-Millionen*, die, ihres automatischen Tabulators wegen, zu ihrer Zeit als eines der perfektioniertesten je entwickelten Objekte galt, auf der François Gratiolet seine Quittungen zu tippen begann, als er beschloß, seine Buchhaltung zu modernisieren: ein alter *Neuer Kleiner Illustrierter Larousse*, der mit einer halben Seite 71 anfängt – ASPIC, n. m. (gr. *aspis*). Gewöhnlicher Name der Viper. *Fig. Langue d'aspic*, Person mit einer spitzen Zunge – und bei Seite 1530 aufhört: MAROLLES-LES-BRAULTS, Kantonshauptstadt...

Die Schilderung dieses Kellers geht noch zwei Seiten weiter, und wir erfahren so nebenbei manches über die einzelnen Familienmitglieder (Muscheln und Kieselsteine in einer Weißblechdose, «die Olivier Gratiolet 1934, dem Sterbetag seines Großvaters, in Gatseau auf der Insel Oléron gesammelt hatte»). Und am Ende dieses 33. Kapitels ahnen wir, dass wir zwar bei den Altamonts besser bewirtet würden, aber wohl eher mit den Gratiolets Freundschaft schließen könnten.

Nun gut, aber wozu das Ganze? Es gibt ein wunderbares Gedicht von Joachim Ringelnatz, das den Titel «Logik» trägt:

Die Nacht war kalt und sternenklar,
Da trieb im Meer bei Norderney
Ein Suahelischnurrbarthaar. –
Die nächste Schiffsuhr wies auf drei.

Mir scheint da mancherlei nicht klar,
Man fragt doch, wenn man Logik hat,
Was sucht ein Suahelihaar
Denn nachts um drei am Kattegatt?

Georges Perec beantwortet diese Frage so: Das Suahelihaar am Kattegatt ist nicht minder bedeutsam als jeder
andere beliebige Gegenstand, sofern er sich nur in die
Logik dieser Romanarchitektur fügt. Worin besteht ihre
Logik? Betrachten wir einen Liebes- oder Abenteuerroman. Hier ist die Struktur grundsätzlich dramatisch: Es
gibt eine Zeitachse, auf der wir die Ereignisse aufreihen
können, und diese Ereignisse steuern auf einen Höhepunkt zu. Die Reihenfolge der Ereignisse ist dabei von
zentraler Bedeutung. Es ist nämlich nicht egal, ob sich
der unglückliche Held erst verliebt und dann umbringt
oder umgekehrt. Für die Zwecke seiner Erzählung nun
muss der Autor die Szene gewissermaßen möblieren, er
muss die Personen ausstatten. Dabei ist es überhaupt
nicht leicht anzugeben, wie reichhaltig oder karg diese
Ausstattung idealerweise sein muss. Sie erinnern sich vielleicht an Karl May und seine Beschreibungsorgien. Wenn
Winnetou zur Tür hereinkommt, werden wir aufs Genau-
este über sein Aussehen, seine Kleidung, seine Ausrüstung (vom Stirnband bis zum letzten Mokassinrie-
men) informiert. Karl May hält in solchen Augenblicken
gewissermaßen den Projektor an und verweilt beim
Standfoto. Achten Sie einmal darauf, wie andere Schriftsteller oft verfahren: Sie zeichnen das Aussehen ihrer Helden nur mit wenigen Strichen, so dass ein Umriss entsteht, den sich der Leser selbst ausmalen muss. Könnten
Sie Madame Bovary oder Effi Briest beschreiben? Sind sie
schlank oder mollig, blond oder braun? Generell gilt,
dass der Autor gut daran tut, nur das zu schildern, was
dem Erzählziel förderlich ist. Er wird sich also, wenn ihm
an einer Spannungsdramaturgie liegt, nur eine wohl do-
sierte Menge an Details und Abschweifungen erlauben.

Wahr ist allerdings, dass sich die großen Autoren nicht immer an diese Schulweisheit halten, und auch Perec tut es nicht. Bei ihm allerdings hat das einen sehr präzisen Grund: Seine Romanarchitektur folgt einer anderen Logik. Hier gibt es keine chronologisch aufeinander folgenden Ereignisse, die auf einen Höhepunkt zulaufen könnten. Das Formprinzip ist eben dieses große Haus in der Rue Simon Crubellier, und wir finden in dem Buch einen Aufriss der Straßenfront, wo die Wohnungen und ihre Bewohner verzeichnet sind. Der Roman springt dabei von Raum zu Raum, und dort ist prinzipiell jeder Gegenstand schildernswert, weil es in der Geschichte keine vorwärts eilende Bewegung gibt, die durch ein Verweilen aufgehalten werden könnte. Das Verweilen ist in dieser Hinsicht ebenso gut wie das Voranschreiten, kommt es doch vor allem darauf an, das Gemälde zu vervollständigen, oder, um noch einmal den Vergleich mit der Architektur zu bemühen, dieses Haus mit allem Drum und Dran so auszustatten, dass wir wissbegierig und von immer neuen Entdeckungen überrascht darin umhergehen können. Wobei ich allerdings hinzufügen muss, dass es innerhalb dieser erzählerischen Parzellen äußerst aufregende, spannende Geschichten gibt, die aber nicht selten abgebrochen werden, bis der Faden von einem anderen Raum aus wieder aufgenommen werden kann.

Ich habe bisher etwas Wichtiges ausgelassen, nämlich die zentrale Idee des Romans. Im dritten Stock links wohnt ein Junggeselle amerikanischer Herkunft, von dem es heißt: «Bartlebooth beschloss eines Tages, sein ganzes Leben auf ein einziges Projekt hin auszurichten, dessen willkürliche Notwendigkeit allein sein Selbstzweck wäre.» Bartlebooth, ein entfernter Verwandter von Melvilles Bartleby (darüber gleich in der Pause), ist reich, aber die Frauen, die Macht, die Kunst interessieren ihn nicht. «Angesichts der unentwirrbaren Zusammenhanglosigkeit der Welt» widmet er sein Leben einer ebenso schönen wie absurden Idee, die dann doch einen Zusammenhang herstellt – den allerdings niemand erkennt außer Bartlebooth. Als er nämlich zwanzig Jahre alt wird (da wohnt er schon in diesem Pariser Haus) und sich die Frage stellt: «Was soll ich tun?», lautet seine Antwort: «Nichts». Dieses Nichts muss gestaltet werden und mündet nun in ein Projekt, das erstens nicht heldenhaft oder spektakulär sein, sondern unsichtbar bleiben soll; das zweitens so weit wie irgend möglich dem Zufall entzogen sein soll; das drittens ästhetisch vollkommen sein soll, also nutzlos und zweckfrei, was einschließt, dass es sich am Ende selbst aufhebt.

Das ist der Plan. Seine Verwirklichung sieht so aus: Zehn Jahre lang geht Bartlebooth bei einem Maler in die Schule, um die Kunst des Aquarellierens zu lernen. Danach reist er zwanzig Jahre durch die Welt, um alle zwei Wochen ein Aquarell von einem Hafen zu malen, was insgesamt 500 Seestücke ergibt. Diese Bilder schickt er nach Paris, wo sie ein Spezialist (der im selben Haus wohnt) auf eine Holzplatte klebt und in 750 Puzzle-Teile zerlegt. Die nächsten zwanzig Jahre wird Bartlebooth alle zwei Wochen je ein Bild wieder zusammensetzen. Diese Bilder werden wieder an den Ort ihrer Entstehung zurückgebracht, wo sie dann in einem Säurebad so behandelt werden, dass nur noch das leere Blatt Papier zurückbleibt.

Lieber Leser, Sie mögen dieses Projekt für verrückt halten, und damit haben Sie Recht. Aber es ist mehr als verrückt. Es ist nämlich außerdem erstens eine Metapher für die Autonomie und Zweckfreiheit der Kunst. Zweitens errichtet es über der «unentwirrbaren Zusammenhanglosigkeit der Welt» eine Ordnung eigener Güte und Schönheit. Und drittens bildet es das Formprinzip dieses Romans. Er selbst nämlich ist ein großes Puzzle-Spiel, das der Leser zusammensetzen muss. Da ich Puzzle-Spiele nicht sehr liebe (weil ich ein paar Mal daran verzweifelt bin), will ich hinzufügen: Die Lektüre dieses Buchs ist ein einzigartiges Vergnügen, sobald man seine Idee begriffen und sich darauf eingelassen hat. Das allerdings kostet Muße, und ich empfehle Ihnen den Roman dringend für den Urlaubskoffer (ohne Gewähr).

Aber handelt es sich überhaupt um einen Roman? Der dicke Band enthält ein Personenregister, eine Zeittafel, einen Plan des Hauses, ein Verzeichnis der Geschichten, und er beginnt mit einer Betrachtung über die Eigenart und Qualität verschiedener Puzzle-Techniken. Er trägt also tatsächlich Züge einer Gebrauchsanweisung. Aber wofür? «Das Leben. Gebrauchsanweisung» lautet der Titel. Ist das pure Ironie – oder können wir für unser Leben etwas daraus lernen? Wir gewinnen einen tiefen Einblick in die Lebensgewohnheiten und Schicksale uns fremder Personen, und das könnte voyeuristisch wirken. Aber Perecs Buch ist von einer menschenfreundlichen Weisheit durchdrungen, die uns die vom Zufall fürchterlich bedrohte Existenz des Menschen vor Augen führt. Der einzige, der den Zufall wirksam ausschließt, ist Bartlebooth, aber wollen wir so leben wie er? Wenn nicht, dann bleibt uns nur die Möglichkeit, den Zufall ergeben zu akzeptieren – oder hinter ihm ein anderes Prinzip wirken zu sehen, etwa Gott.

Das ist eine Frage, die der Roman nicht stellt, aber er

führt zu ihr hin. Und die einzige Form, die der Roman anbietet, um das Chaos des Zufalls zu bändigen, also auch den prinzipiell unendlichen Exkurs, der vom Hölzchen aufs Stöckchen und vom Stöckchen aufs Splitterchen und so weiter führen müsste, ist das Puzzle-Prinzip: Nur so lässt sich die in ihre Teile zerfallene Welt wieder zusammensetzen. Aber dieses Zusammensetzen führt im Ernst nicht weit, es macht ja nichts besser. Oder doch? Es unterbricht die allgemeine «Zusammenhanglosigkeit» für einen Augenblick. Und dieser Roman als artistische Ordnungsleistung ist eine kleine Insel des Widerstands gegen das Chaos.

Ich habe mich bei Perec ziemlich, sozusagen perecmäßig lange aufgehalten, um Ihnen eine Erzählweise nahe zu bringen, die ich selbstreferenziell nennen möchte. Damit meine ich Romane, die ihren Erkenntnisanspruch aus ihrer Form gewinnen und umgekehrt ihre Form aus ihrem Erkenntnisanspruch. Sie neigen dazu, geschlossene Systeme zu bilden, und ich hoffe, Sie haben bemerkt, wie reizvoll das sein kann. Denn die Alternative, die wir eingangs diskutiert haben, bietet große Möglichkeiten, aber sie ist doch begrenzt: Dass sich der Roman seine Form durch die unerhörte Begebenheit nahe legen lässt, sei es eine erfundene oder eine wirkliche. Dagegen kann man revoltieren, wie es der eingangs zitierte Edouard tut, und der Gewinn, den diese Revolte verspricht, ist nichts Geringeres als die Freiheit der Kunst.

Im Falle des Romans allerdings, da muss man Edouard nun doch widersprechen, ist diese Freiheit nicht unbegrenzt, aus zwei Gründen vor allem. Erstens muss er sich der Sprache bedienen, und die ist ein von allen benutztes und im Benutzen immerzu verändertes Verständigungsmittel. Der Autor kann es bestenfalls erneuern, aber nicht von neuem erfinden, sonst versteht ihn keiner. Und zweitens kann der Roman nicht umhin, eine Geschichte zu erzählen – und sei es, dass er das Erzählen einer Geschichte verweigert, wie etwa Robert Musil, der über seinen «Mann ohne Eigenschaften» gesagt hat: «Die Geschichte dieses Romans kommt darauf hinaus, daß die Geschichte, die in ihm erzählt werden soll, nicht erzählt wird.» Dafür aber werden dann andere Geschichten erzählt.

Es gab und gibt aber immer wieder Versuche, den Roman autonom zu machen, so weit irgend möglich, und eines der extremsten Beispiele ist der kürzlich ins Deutsche übersetzte Roman «Dee Weedergenger» (Les Revenentes, 1972) von Georges Perec, ein Roman, der (fast) ausschließlich den Vokal «e» verwendet – das komplementäre Projekt zu dem Roman «La Disparition» (1969), der alle Vokale gebrauchte außer dem «e». Die Zeitschrift «Titanic» hat in ihrer Kolumne «Humorkritik» darüber Folgendes bemerkt:

Jedes «e» entbehrte Herrn G. Perecs bemerkenswerter Text «La Disparation» (dt.: «Anton Voyls Fortgang»). Der jetzt verlegte «Dee Weedergenger» beschert ebenderselben ehedem entrechteten Letter «e» einen extremen Stellenwert. Exempel? 'S Textentree: «Verschreckten Lemmern ehnelnd bewegen sechs gelbe Mercedes-Benz, deren Fenster gegen sehende Menschen verhengt schejnen, eher gemessen gelbes Blech gen Westend Street.» Grell! Selten gestelzt, verzettelt, etepetete, eher sehr weltbewegend, belehrend, edel, verhext, enthelt des entlegene Nebenwege begehenden Perecs «Weedergenger» jede Menge legere Scherze, kecke Effekte, gedrechselte Reden & derbe «Stellen» (d.h.:

lendenbebende Herren + lechzende Deerns erleben fesselnde Sex-Exzesse). Jenem erschreckend exzellenten Erzschelm Perec fehlt der eherne Ernst des Lebens, denn er erkennt dessen ephemeres Elend bzw. gehemmtes Gewese.

Perec, wie übrigens auch Italo Calvino (siehe dazu das nächste Kapitel), war Mitglied der von Raimond Queneau gegründeten Gruppe Oulipo, was zurückgeht auf «L'OUvroir de LIttérature POtentielle».

Vielleicht sind Sie geneigt, in all dem eine bloße und letzten Endes sinnlose Spielerei zu sehen, aber das wäre ungerecht, denn wo wäre der Ort der Freiheit, wenn nicht in der Kunst?

Siebte Pause
Welche Helden wollen wir?

Bartleby ist der Held einer der schönsten Erzählungen von Herman Melville, ein Held der außergewöhnlichsten Art, ein Held der Verweigerung. Sein Satz «Ich möchte lieber nicht» (I would prefer not to ...), fast der einzige, den der fast stumme Mensch von sich gibt, ist sprichwörtlich geworden. Der Ich-Erzähler der Geschichte ist Rechtsanwalt und Vermögensberater in der Wall Street, ein etwas borniter, selbstgefälliger älterer Mann («I am a rather elderly man», so beginnt er), und er berichtet von einem Lohnschreiber, den er zusätzlich zu seinen drei anderen Gehilfen eingestellt hat, einem gewissen Bartleby, der anfangs die ständig anfallenden Kopierarbeiten ordentlich erledigt, eines Tages aber, als er ihn zu einer bestimmten dringlichen Aufgabe herbeiruft, wie aus heiterem Himmel entgegnet: «Ich möchte lieber nicht.» Weitere Auskünfte sind von ihm nicht zu erhalten. Der aufgebrachte Anwalt rennt gegen eine Mauer höflicher, aber entschlossener Verweigerung und wird immer ratloser. Ein seltsames, ihm selbst unheimliches Mitleid mit diesem scheuen, stummen, ärmlich aussehenden Menschen erfasst ihn, und er zögert lange, bis er ihm kündigt. Aber Bartleby geht nicht, und der Konflikt nimmt immer groteskere Züge an, bis Bartleby am Ende im Gefängnis landet, wo ihn der Anwalt besucht, ohne allerdings näheren Aufschluss über seine Herkunft und sein rätselhaftes Verhalten zu gewinnen. Am Ende stirbt Bartleby und nimmt sein Geheimnis mit ins Grab. Indem Melville diesen seltsamen Mann in den Reaktionen der drei anderen Gehilfen spiegelt, drei satirisch beschriebenen Gestalten der bizarrsten Art, erscheint Bartleby noch gespenstischer. Das unübersehbar Komische der Szenerie vermischt sich mit dem Tragischen.

Ich sehe in Bartleby das Symbol totaler Verweigerung. Man kann sich ja einer Sache entziehen, indem man Gründe angibt, seien es solche des Augenblicks, der Laune – oder allgemeinere, ideologische, moralische, religiöse. Wer aber Gründe angibt, hat sich schon auf die Sache eingelassen, ist schon Teil von ihr geworden. Die Radikalität Bartlebys besteht eben darin, dass er an keiner Stelle zu erkennen gibt, weshalb er lieber nicht möchte. Sein Widerstand ist keine Demonstration für oder gegen etwas. Er ist ein Akt der größten denkbaren Freiheit, die aber nur dadurch realisiert werden kann, dass Bartleby dem Leben völlig entsagt, ihm auf traurigste Weise abhanden kommt. Auch Perecs Bartlebooth ist einer, der die absolute Freiheit wählt. Bei ihm aber besteht sie in der Realisierung der größten denkbaren Willkür, die ihn bis ans Lebensende sinn- und zwecklos beschäftigen wird.

Bartleby und Bartlebooth, Brüder des großen Oblomow, sind Antihelden schlechthin, keine Helden des Scheiterns, wie wir sie in Werther oder Kohlhaas kennen gelernt haben, keine Helden des Durchhaltens oder Widerstehens wie Frodo Beutlin oder der Blechtrommler Oskar. Und das macht sie schwierig für uns Leser, denn zumeist suchen wir doch jemanden, mit dem wir uns siegend – oder wenn nicht, dann halt scheiternd – verbünden und verbinden können. Mit Bartleby und Bartlebooth jedoch kann sich niemand verbinden, sie bleiben undurchdringlich, unzugänglich. Weder Perec noch Melville geben zu erkennen, was sie von ihnen halten, und das macht sie in gewisser Hinsicht noch einsamer.

Sind das die Helden, die wir wollen? Ach, die Literatur schert sich selten um unsere Wünsche, und anstatt Rätsel zu lösen, gibt sie uns welche auf.

Achtes Kapitel
Über Romane, die mit dem Leser spielen

Bei Georges Perec spielt der Zufall eine wichtige Rolle, wie wir gesehen haben, aber es gibt noch einen anderen Schriftsteller, den dieses Problem (es ist wirklich ein großes und, wenn man darüber nachdenkt, unlösbares Problem) nie losgelassen hat. Ich rede von dem amerikanischen Schriftsteller Paul Auster, Jahrgang 1947, der 1990 einen Roman veröffentlicht hat, dessen Titel schon alles über die Idee des Ganzen verrät: «The Music of Chance» («Die Musik des Zufalls»). Den Helden der Geschichte werfen etliche Glücks- und Unglücksfälle aus der Lebensbahn: Seine Frau verlässt ihn mit dem Kind, dann erbt er ein ansehnliches Vermögen, und die Frage, ob ihn das Unglück (das Scheitern der Ehe) ereilt hätte, wenn sich das Glück (die Erbschaft) früher eingestellt hätte, lässt ihn nicht los, so dass er sich von nun an völlig vom Zufall treiben lässt. Er kündigt seine Stelle, kauft sich ein schnelles Auto und fährt los. Eigentlich hatte er vor, nach Osten zu fahren, aber er verwechselt die Autobahnauffahrt und rast, anstatt zu wenden, nach Westen. Ein Jahr lang lässt er sich durchs Land treiben, bis er durch Zufall einen Pokerspieler kennen lernt. Mit dem zieht er umher, sie gewinnen häufiger als sie verlieren, bis sie auf ein bizarres Männerpaar stoßen und auf deren Landsitz das finale Spiel spielen. Sie verlieren es.

Ich will die Geschichte hier nicht weiter ausbreiten.

Aber Auster gewinnt aus einer Philosophie des Zufalls das Formprinzip seiner Romane. Nehmen wir seinen ersten Roman «Stadt aus Glas» (1985). Hier geht es um Daniel Quinn, einen Mann, der sein Leben in New York als Verfasser von halbwegs erfolgreichen Krimis fristet. Er veröffentlicht sie unter dem Pseudonym William Wilson. Eines Nachts erhält er einen merkwürdigen Anruf. Eine seltsam abgehackte männliche Stimme bittet um dringende Hilfe, es gehe um einen geplanten Mordanschlag. Es stellt sich heraus, dass sich der Anrufer verwählt hat, er sucht das Detektivbüro Paul Auster. Quinn legt auf und geht schlafen. Er lebt allein, seine Frau und sein Kind hat er vor Jahren durch einen Unfall verloren. (Dies scheint eine traumatische Fantasie Austers zu sein. Sie kehrt in vielen Büchern wieder, etwa in seinem «Buch der Illusionen», erschienen 2002, wo der Held seine Familie durch einen Flugzeugabsturz verliert.)

Quinns Ich-Gefühl ist durch seine Einsamkeit etwas geschwächt, er lebt zur Hälfte in der Figur seiner Romanserie, in dem waschechten Detektiv Max Works. Infolgedessen geht er, als sich die nächtlichen Anrufe wiederholen, auf den Wunsch des mutmaßlichen Opfers ein, gibt sich als Detektiv Paul Auster aus, fühlt sich als Max Works und übernimmt die Observation des mutmaßlichen Täters. Dieser ehemalige Professor, offenbar geistesgestört, wandert scheinbar ziellos durch die Stadt. Quinn alias Auster oder Works folgt ihm und notiert jeden einzelnen seiner Gänge Tag für Tag in ein rotes Notizbuch. Am Ende zeichnet er diese Wege in einen Stadtplan und erkennt darin Buchstaben. Sie ergeben das Wort THE TOWER OF BABEL – Titel eines seinerzeit berühmten Buches des Professors. Bevor Quinn dazu kommt, diesen rätselhaften

Hinweis zu entschlüsseln, merkt er, dass der Professor jenes billige Hotel, in dem er logiert und dessen Eingang Quinn fast pausenlos bewacht hat, unbemerkt verlassen hat. Verzweifelt sucht er die Hilfe des wirklichen Detektivs Auster, findet seine Adresse und klingelt. Es öffnet ihm der Schriftsteller Paul Auster, dem Quinn sein Herz ausschüttet. Später kommt die Gattin hinzu, sie heißt Siri und ist norwegischer Abstammung. Auster kann Quinn nicht helfen, er bietet ihm allerdings an, den vom Auftraggeber auf den Namen Auster ausgestellten Scheck für Quinn einzulösen. Später stellt sich heraus, dass der Scheck nicht gedeckt ist, und es ist gut möglich, dass die ganze Geschichte nicht gedeckt ist, sondern eine Erfindung oder Halluzination Quinns. Oder Austers?

Schon an dieser gerafften Inhaltsangabe können Sie sehen, dass das Spiel der Verweise endlos und die Frage, was wir hier als Wirklichkeit betrachten müssen, unlösbar ist. Es beginnt damit, dass wir es mit mehreren Autoren zu tun haben. Da ist zunächst Quinn und sein Pseudonym Williams. Dann gibt es den fiktiven Paul Auster, der aber größte Ähnlichkeiten mit dem wirklichen Paul Auster hat, denn auch der ist mit einer Frau namens Siri (der Schriftstellerin Siri Hustvedt) verheiratet, die norwegischer Abstammung ist. Schließlich müssen wir einen Autor annehmen, der diese ganze Geschichte erzählt. Er kann nach Lage der Dinge nicht mit Quinn und auch nicht mit dem fiktiven Paul Auster identisch sein. Also bleibt nur der reale Paul Auster, dessen Name auf dem Buchtitel steht. Andererseits wissen wir, dass man gut daran tut, zwischen dem Urheber eines Textes und seinem Erzähler zu unterscheiden. Der Roman gleicht in gewisser Hinsicht der russischen Puppe in der Puppe in der Puppe. Nach der Initialzündung (jener nächtliche Anruf – die falsche Nummer – ein Zufall) fliegt eine Puppe aus der anderen heraus, es entsteht eine Art Feuerwerk, an dessen Ende wir nichts in der Hand haben.

Das Geheimnis- und Reizvolle an Austers Romanen besteht darin, dass man nie genau weiß, ob nicht ihr Inhalt eine Funktion der Form ist. Der Roman «Im Land der letzten Dinge» (1987, er schildert aus der Perspektive einer jungen Frau ein aufgegebenes, von Banden beherrschtes New York) endet nur deshalb, weil das Notizbuch der Frau aufgebraucht ist. Die Hoffnung, mit Freunden aus dem streng bewachten Areal fliehen zu können, ist, folgen wir der Einschätzung der Erzählerin, illusionär. Andererseits muss sie wohl dem Inferno entkommen sein, sonst wäre uns ihr Bericht nicht überliefert. Hier hat die Fiktion ein Loch. Den Ausweg aus der klaustrophobischen Situation bildet der Roman. Weil es ihn gibt, ist die Apokalypse nicht total. Der Widerspruch zwischen der Finsternis des Erzählten und dem Hoffnungsschimmer, den die Erzählkonstruktion durchlässt, prägt die Geschichte. Die junge Frau heißt Anna Blume, und es bleibt offen, ob dieser Hinweis auf Kurt Schwitters einem Plan oder einer Laune folgt oder gar kein Hinweis ist. Jedenfalls lässt sich «Im Land der letzten Dinge» auch als eine literarische Versuchsanordnung lesen, als ein Spiel: Wie könnte man eine Szenerie entwerfen, die das letztmögliche Endstadium eines gesellschaftlichen Zerfalls vor Augen führt?

Die selbstreferenzielle Figur ist typisch für Auster. Er liebt die Spiegelung, wo die Fabel in der Fabel in der Fabel einen Korridor bildet, an dessen Ende sich die Erzählung selbst spiegelt; er schätzt die gegenläufige Erzählbewegung, die das Ende des einen Stranges mit dem Anfang des zurücklaufenden anderen Stranges verbindet; er sucht die logische Aporie, wo die Bedingung des Existierens das Ende des Existierens bedeutet. Auster benutzt die traditionellen Formen (die Detektivgeschichte, die Apokalypse, den Abenteuerroman, die romantische Liebesgeschichte) und wendet ihr Formprinzip auf die Geschichte zurück, so dass der Detektiv zum Observationsobjekt wird («Schlagschatten», 1986) oder der Erzähler zum Detektiv («Stadt aus Glas»). Die Form ist der Inhalt und umgekehrt. Geschriebenes bezieht sich auf Geschriebenes, es gibt immer einen zweiten (oder dritten oder n-ten) Bedeutungshorizont.

Jetzt kommt mir der Verdacht, Ihnen könnte dieses ganze Spiel allzu selbstbezüglich vorkommen, offen gesprochen: abstrus und langweilig. Sie wollen, so höre ich eine Stimme aus dem Hintergrund, lieber etwas lesen, was Hand und Fuß hat, eine richtige Geschichte. Aber überlegen Sie bitte: Was soll das sein? Von einer Geschichte, die Sie nicht selbst erlebt haben, können Sie nur aus dem Mund oder der Feder eines anderen erfahren, und nicht selten hat der die Geschichte von einem Dritten oder Vierten. Und Sie wissen, dass jede neue Erzählung diese Geschichte verändert, neu deutet. Sie können das als Mangel begreifen und sich auf die fruchtlose Suche nach dem wahren Ursprung machen. Oder Sie können die Menge der weitererzählenden Deutungen als zentralen Bestandteil dieser Geschichte betrachten – und dann sind Sie mittendrin in der Frage, die wir gerade diskutieren.

Und daraus folgt eine weitere: Was ist ein Roman? Ein Buch – und das besteht zunächst nur aus toter Materie. Sie nehmen das Buch in die Hand, lesen es, und jetzt entsteht in Ihrem Kopf die Geschichte. Sie ist nicht automatisch dieselbe Geschichte, die Ihr Freund oder Ihre Kollegin gelesen hat. Das können Sie leicht überprüfen, wenn Sie mit Ihrem Freund oder Ihrer Kollegin über dieses Buch genauer reden. Plötzlich merken Sie, dass dasselbe Buch in deren Kopf ein anderes Aussehen, eine andere Bedeutung gewonnen hat. Das Buch gleicht der Rose von Jericho, die ähnlich grau und unscheinbar daliegt wie ein geschlossenes Buch, das ja nur ein Haufen Papier ist mit Buchstaben. Plötzlich aber, benetzt von ein paar Tropfen Wasser, wird die Rose von Jericho grün und beginnt zu leben; plötzlich, berührt vom Atem des Lesers, öffnet sich das Buch und entfaltet seine Wirkung. In gewisser Hinsicht ist der Leser der wahre Autor, denn er ist es, der totes Papier zum Leben erweckt, in seinem Kopf entsteht die Welt des gelesenen Buchs, und das Fantastische an diesem wunderbaren Vorgang besteht darin, dass keine dieser Welten, die sich in den Köpfen der Leser bildet, der anderen vollkommen gleicht.

Der Gedanke, dass der Leser Co-Autor sei, hat den italienischen Schriftsteller Italo Calvino (1923 bis 1985) immer wieder beschäftigt. Sein schon erwähnter Roman «Wenn ein Reisender in einer Winternacht» beginnt so:

Du schickst dich an, den neuen Roman *Wenn ein Reisender in einer Winternacht* von Italo Calvino zu lesen. Entspanne dich. Sammle dich. Schieb jeden anderen Gedanken beiseite. (...) Such dir die bequemste Stellung: sitzend, langgestreckt, zusammengekauert oder liegend. Auf dem Rücken, auf der Seite, auf dem Bauch. Im Sessel, auf dem Sofa, auf dem Schaukelstuhl, auf dem Liegestuhl, auf dem Puff. In der Hängematte, wenn du eine hast.

So redet also der Autor gleich zu Beginn mit seinem Leser, wobei ihm klar ist, dass es den einzigen Leser nicht gibt, sondern immer mehrere; den, der im Sessel liest und den, der in der Hängematte liest; den, der das Buch gerade in der Buchhandlung gekauft hat und jetzt im Bus nach Hause trägt, oder den, der es im Auto neben sich liegen hat und beim Versuch, es anzulesen, die Ampel missachtet und ein Hupkonzert auslöst. Der Autor kennt seinen Leser nicht, und das ist nur gerecht, denn auch der Leser kennt den Autor nicht. Beide werden einander im Lauf dieses Buchs näher kennen lernen, wobei der arglose Leser noch nicht weiß, wie sehr ihn der Autor zum Mitarbeiter der Geschichte machen wird – nicht ohne ihn ordentlich an der Nase herumzuführen.

Jetzt geht die Geschichte endlich los, aber doch auch irgendwie nicht ganz richtig:

Der Roman beginnt auf einem Bahnhof, eine Lokomotive faucht, Kolbendampf zischt über den Anfang des Kapitels, Rauch verhüllt einen Teil des ersten Absatzes. In den Bahnhofsgeruch mischt sich ein Dunstschwaden aus dem Bahnhofscafé. Jemand schaut durch die beschlagenen Scheiben, öffnet die Glastür des Cafés, alles ist diesig, auch drinnen, wie mit kurzsichtigen oder von Kohlenstäubchen gereizten Augen gesehen. Die Buchseiten sind beschlagen wie die Fenster eines alten Zuges, der Rauch legt sich auf die Sätze. Es ist ein regnerischer Abend; der Mann betritt das Café (...)

Der Leser merkt, dass hier zwei Wirklichkeiten, zwei Gegenwartsebenen ineinander gemischt werden: Der Vorgang des Lesens und diese Bahnhofsszene, die sich allmählich zu einem Krimi oder Spionageroman zu entwickeln scheint, denn der erwähnte Mann ist offenbar schwer nervös, er telefoniert ergebnislos. Und jetzt heißt es:

Ich bin der Mann, der da zwischen Café und Telefonzelle hin- und herläuft. Oder besser gesagt, dieser Mann heißt hier «ich», und sonst weißt du nichts von ihm, wie auch dieser Bahnhof nur einfach «Bahnhof» heißt (...)

Was soll das nun wieder heißen: Ist Bahnhof nicht Bahnhof und Ich nicht Ich? Wenn man es genau nimmt, eben nicht, und Calvino macht klar, dass jede Romanfiktion eine Wirklichkeit herstellt, die abgeleitet ist, brüchig, zusammengesetzt aus den Sätzen und den Vorstellungen, die der Leser damit verbindet. Denn wenig später heißt es:

Immer noch hängt ein feiner Kohlenstaub in der Luft, obwohl längst alle Strecken elektrifiziert worden sind, und ein Roman, der von Zügen und Bahnhöfen handelt, kann nicht umhin, diesen Rauchgeruch wiederzugeben. Schon mehrere Seiten hast du dich jetzt vorangelesen, es wäre mithin an der Zeit, daß dir klar gesagt wird, ob dieser Bahnhof, an dem ich ausgestiegen bin aus einem verspäteten Zug, ein Bahnhof von früher ist oder von heute; doch die Sätze bewegen sich weiter im ungewissen, im Grau, in einer Art Niemandsland der auf den kleinsten gemeinsamen Nenner verkürzten Erfahrung. Paß auf, das ist bestimmt ein Trick, um dich langsam einzufangen, dich in die Handlung hineinzuziehen (...)

Das ist ein etwas irritierendes Spiel, denn als Leser hätte man es schon am liebsten, wenn einen der Autor umstandslos in einen geschlossenen, geordneten Kosmos entführte; und dies hier ist ein selbstreferenzielles System, das aber offen ist und sich, anders als etwa bei Perec oder Auster, nicht allein auf sich selbst bezieht, sondern den Leser und den Vorgang des Lesens zum Thema macht, und zwar so intelligent und zugleich leichthändig, dass man sich dem Ganzen kaum entziehen kann. Wenn ich im sechsten Kapitel gesagt habe, es störe mich zuweilen, Teilnehmer einer Selbstreflexion des Autors zu werden, so gilt das hier nicht: Denn Calvino belästigt mich nicht mit seinen Schreibschwierigkeiten, sondern er macht mich zum Teilnehmer eines sehr gekonnten und schließlich turbulenten Denkspiels.

Italo Calvino ist einer, der das Denken liebt, also im wörtlichen Sinn ein Philosoph. Aber er ist zugleich mehr. In einem späteren Kapitel dieses Romans erzählt er die Geschichte eines japanischen Zen-Schülers, der mit dem Zen-Meister durch den Garten geht und beobachtet, wie die Blätter von einem Ginkgo-Baum auf den Rasen fallen. Wie kann man, so meditiert er, das Fallen der vielen Blätter und das Fallen jedes einzelnen Blattes zugleich beobachten? Allgemeiner gesagt: Wünschenswert wäre es, in einem bestimmten Augenblick der vielen einzelnen Sinneseindrücke inne zu sein und zugleich den Gesamteindruck, das Ganze wahrzunehmen. Das ist ein erkenntnistheoretischer Höhenflug, der am Ende in die Niederungen der Gewöhnlichkeit abstürzt. Denn der Schüler begehrt die Tochter des Meisters und wirbt um die spröde Schöne. Auf dem Weg zu seinem ersten Stelldichein mit ihr gerät er in die Fänge der Mutter, die ihn zu sich herabzieht. Er kann nicht widerstehen, und während er sich mit ihr lustvoll am Boden windet, sieht er die Tochter in der Tür, deren seidenes Gewand sich über ihrem jungen Körper öffnet. Zugleich aber sieht er in der anderen Tür den Meister, der die Tochter sieht, die die Mutter sieht, die mit dem Schüler schläft, der den Meister sieht, der sieht, dass der Schüler ihn sieht. Und in diesem Augenblick, während er mit der Mutter schläft und sich vorstellt, mit der Tochter zu schlafen, begreift er, dass er in eine von seinem Meister aufgestellte Falle getappt ist, aus der herauszukommen ihm keine Meditation über die Gingko-Blätter helfen wird.

Das ist Philosophie und Parodie von Philosophie. Das ist sinnenfrohe, wirkungsvoll erzählte Prosa und ein ironisches Lehrstück. Das ist Calvino: so fantastisch, märchenhaft, abenteuerlich es bei ihm auch zugeht, so ist doch das, was da erzählt wird, immer auf mediterrane Weise hell und durchsichtig, von listiger Doppelbödigkeit. Man sieht die Fäden der Marionetten, die da sehr vergnüglich tanzen, man sieht den Lenker ihrer Bewegungen und Schicksale, aber man hat damit noch lange nichts durchschaut. Denn der Marionettenspieler ist nicht der Herr aller Dinge, er wird selbst gelenkt. Von wem? Vom Leser. Zu sagen, Calvino sei es, der die Geschichte vom Zen-Schüler erzähle, ist ungenau. Sie stammt von dem japanischen Schriftsteller Takakumi Ikoka und ist der Anfang seines Romans «Auf dem mondbeschienenen Blätterteppich», einer jener zehn Romananfänge, in deren verwirrendes Netzwerk der Leser des Romans «Wenn ein Reisender in einer Winternacht» verstrickt wird. Verwirrend, weil diese Romananfänge Fälschungen ständig wechselnder Urheberschaft sind; verstrict, weil nämlich der Leser die Hauptfigur des Buches ist, im Grunde er also Schöpfer des Erzählten.

In seinem Aufsatz «Die Ebenen der Wirklichkeit in der Literatur» (1984) denkt Calvino darüber nach, wer eigentlich Autor der Literatur ist. Er konstruiert den Satz «Ich schreibe, daß Homer erzählt, daß Odysseus sagt: Ich habe dem Gesang der Sirenen gelauscht», und er kommt zu dem Schluss, dass sich nicht nur das literarische Subjekt verflüchtigt, je genauer man darüber nachdenkt, sondern dass auch das Objekt fraglich wird und dass sich das letzte all jener Fenster, die zwischen den verschiedenen literarischen Räumen sind, auf das Nichts hin öffnet. Das ist nun wieder eine der Aporien Calvinos. Er führt den Leser in ein philosophisches Labyrinth, und vielleicht tut man gut daran, sich rechtzeitig am eigenen Lesefaden wieder daraus zurückzuziehen und auf der schlichten Einsicht zu beharren, dass es Calvino ist, der alle diese Geschichten ersonnen hat. Sein Name steht ja auf dem Titel, und daran kann man sich vorerst halten.

Eines jedoch ist all seinen Büchern gemeinsam: In jedem von ihnen zwingt sich der Autor unter ein selbst gewähltes Handicap, als wäre etwas schreiben zu müssen nicht Handicap genug, als brächten ihn erst selbst angelegte Fesseln auf Trab. Und jedes neue Handicap scheint schwerer als das vorhergehende. Relativ leicht war es noch beim «Baron auf den Bäumen» (1957). Da entschließt sich der Held der Geschichte, Abkömmling italienischen Landadels, eines Abends, nicht dem Ruf der Eltern ins Bett zu folgen, sondern die Nacht auf dem Baum zu bleiben. Und nicht nur diese eine Nacht, sondern sein ganzes folgendes Leben, so dass sich der Erzähler gezwungen sieht, ihm quer durch alle Wipfel zu folgen, ihm über alle Stationen seines Lebens, von der ersten Liebe bis zum Tod, hinterherzuklettern, von Ast zu Ast durchs Laubwerk – ein Unternehmen, das selbst einen Könner wie Calvino manchmal an den Rand des erzählerisch Möglichen bringt.

In den «Unsichtbaren Städten» (1972) erzählt Calvino noch einmal die Geschichte, die Marco Polo dem Kublai Khan erzählte. Es sind Porträts jener Städte, die ein fiktiver Marco Polo auf seinen Reisen besucht hat oder gerne besucht hätte oder die er sich ausgedacht hat, und jedes dieser 55 Porträts steht unter elf Stichworten wie «Die Städte und der Wunsch» oder «Die Städte und die Erinnerung». Die Anordnung der Stadtbilder ergibt ein geometrisches Zahlensystem von strenger, verborgener Schönheit – vergleichbar jener Zahlenmagie, die mittelalterlichen Bauten oft zugrunde liegt.

Im Roman «Das Schloß, darin sich die Schicksale kreuzen» (1973) ist das Handicap offenkundig: Es besteht aus einem Spiel von Tarock-Karten. Ein Ritter kehrt abends in einem Schloss ein. Die Tafelrunde ist stumm, und als der Ritter das Schweigen durch eine Bemerkung auflockern will, spürt er, dass er wie die anderen nicht mehr sprechen kann. Schließlich zieht einer aus jenem Tarock-Spiel eine Karte und legt sie auf den Tisch, ordnet andere dazu und erzählt so seine Geschichte mittels der Kartenbilder. Der Erzähler bemüht sich um die Deutung der Schicksale. Am Ende liegt auf dem Tisch ein System von Karten, einer Patience ähnlich, in dem die Geschichte jedes Anwesenden enthalten ist, lesbar von unten nach oben, von rechts nach links – und umgekehrt.

Das ist nun wirklich eine vertrackte und höchst artifizielle Art zu erzählen. Das ist Literatur als intellektuelles

Spiel, als Denkinstrument, als geistiges Exerzitium der strengsten Art. In einem Gespräch hat Calvino einmal über den «Reisenden in einer Winternacht» geäußert: «Der Roman ist ein pures Willens- und Geistesprodukt.» Wie kam Calvino dazu, sich selbst derart an die Kandare kunstvoller Konstruktionen zu nehmen? «Angesichts der Unordnung der Welt empfinde ich es als Bedürfnis, Ordnungen zu erfinden, theoretische Möglichkeiten bis zur letzten Konsequenz auszudenken», sagte er einmal. Es gehe ihm darum, «im Chaos menschlicher Ereignisse eine Ordnung zu schaffen.» Er litt, wie offenbar auch Perec, der von der «Zusammenhanglosigkeit» sprach, unter der Undurchdringlichkeit und Unverstehbarkeit der Welt, und er versuchte, mit den schwachen und doch nachhaltigen Mitteln der Literatur, das Unheil, das er überall erblickte, durch eine fantastische Gegenordnung, durch zuchtvolle Kunststücke zurückzudrängen.

Sie sehen, lieber Leser, dass die Literatur, um ein Bibelwort abzuwandeln, ein Haus mit vielen Wohnungen ist. Und der Roman ist die am wenigsten festgelegte Gattung. In ihm ist fast alles möglich, und er überschreitet – sehr oft und in seinen schönsten Beispielen – den beschränkten Begriff, den man im Alltag oft davon hat, etwa, wenn einer sagt: Erzähl mir keine Romane! Womit er vermutlich sagen will: Bleib bei der Sache und sag die Wahrheit. Vielleicht begreifen Sie jetzt, dass man, jedenfalls in der Literatur, manchmal die Wahrheit nur sagen kann, indem man nicht bei der Sache bleibt.

Achte Pause
Wie soll ein Buch aussehen?

Wie ein Buch aussieht, wie es ausgestattet ist, trägt einiges bei zum Vergnügen des Lesers. Er denkt vielleicht nicht allzu sehr darüber nach, aber intuitiv weiß er, dass ein Buch etwa von Calvino oder Auster eine andere Anmutung zu haben hat als ein Ratgeber oder Reiseführer. Der Inhalt sollte die Form bestimmen, und man muss sagen, dass die meisten Bücher unserer Verlage dem auch entsprechen. Damals, als der Bleisatz von der Computertechnik an den Rand gedrängt wurde, entstand die Furcht, die schönen alten Schriften gingen verloren und würden durch langweilige, grafisch unbefriedigende Computerschriften ersetzt, die außerdem wegen der neuen Drucktechnik schlechter lesbar seien. In der Tat war diese Furcht anfangs durchaus begründet, inzwischen aber ist eine Unzahl wertvoller Schriften so digitalisiert worden, dass sie mir manchmal perfekter vorkommen als die alten Bleisatzschriften, was nicht unbedingt ein Vorzug sein muss. Generell aber gilt wohl, dass die Qualität der Buchherstellung ziemlich hoch ist.

Das gilt leider nicht für die Gestaltung der Umschläge. Die Verlage kämpfen um die Aufmerksamkeit der Leser wie der Buchhändler und greifen nicht selten zu groben Mitteln. Man kann sie verstehen. Was in einem Buch drin ist, weiß keiner, der es nicht gelesen hat. Um es zu lesen, muss er es in der Regel kaufen. Warum aber soll er ein Buch kaufen, wenn er nicht weiß, was drin ist? Es gibt nicht viele Waren in unserer Warenwelt, bei denen das

Risiko so groß ist. Ein Auto ist ein Auto, ein Staubsauger ein Staubsauger, und selbst wenn sie den Käufer enttäuschen sollten – fahren und staubsaugen werden sie schon irgendwie. Aber ein Buchkauf ist immer riskant. Der Käufer muss es lesen und sich aneignen, und es mag sein, dass er damit nichts anzufangen weiß, weil ihm die Geschichte missfällt oder die Sprache oder gar beides. Da sitzt er nun, der arme Tor, er hat sein Geld umsonst ausgegeben, und keiner gibt es ihm zurück.

Nun ist allerdings kein Leser vollkommen blind, wenn er in die Buchhandlung geht. Vielleicht kennt er den Autor. Vielleicht hat ihm ein Freund das Buch empfohlen. Vielleicht hat er in einer Zeitung etwas darüber gelesen. Oder er liest den Klappentext, weil ihn Titel und Umschlag auf unklare Weise ansprechen. Irgendetwas mit Liebe steht da, und ein geheimnisvoll umschattetes Frauenantlitz lächelt ihn an. Oder das erleuchtete Fenster eines Hauses auf sturmumtoster Klippe lässt ihn an Unordnung und frühes Leid denken.

Es gibt Buchumschläge, die lassen keinen Zweifel. Am eindeutigsten sind die so genannten Nackenbeißer: Blond gelockte Frau mit prachtvollem Dekolletee beugt den weißen Hals, damit der braun gebrannte Abenteurer nach vollbrachtem Sieg die schöne Beute mit einem wilden Kuss sein Eigen nennen darf. Derlei Werbung für unseriöse Literatur ist seriös, denn Bild und Inhalt entsprechen einander vollkommen. Das aber ist ziemlich selten der Fall. Immer wieder garnieren seriöse Verlage ihre Bücher mit unseriösen Lockungen. Da sieht man die sehr erotische Rückenlinie einer nackten Frau – und findet drinnen eine ziemlich banale Selbstverwirklichungsepisode. Früher konnte der Kenner dem Erscheinungs-

177

bild eines Programms schnell entnehmen, aus welchem Haus es kam, heute gibt es fast alle Reize auf fast allen Umschlägen. Kein Wunder, dass die Leser enttäuscht sind, wenn sich drinnen als lahmes Trauerspiel erweist, was draußen eine wilde Affäre versprach.

Ich kann Ihnen also nur raten, nicht allzu sehr auf die Umschläge zu achten. Nehmen Sie sich die Zeit, in das Buch hineinzulesen und einen Geschmack von der Sache zu kriegen. Viele Buchhandlungen haben ein Eckchen oder mehr, wo Sie in Ruhe blättern können.

Neuntes Kapitel
Über Romane, die nicht gut geschrieben sind

Wenn wir einen Roman loben wollen, dann sagen wir oft, er sei gut geschrieben, und in der Tat: Da der Roman ein sprachliches Kunstwerk ist, sollte seine Sprache herausragen aus dem Alltagsgequatsche, dem Politikerjargon, er sollte sich unterscheiden vom Idiom der Wissenschaft und der Technik, er sollte also, das liegt auf der Hand, gut geschrieben sein. Das Dumme ist nur: Es lässt sich nicht leicht angeben, was das sein soll, «gut geschrieben». Grammatisch korrekt? Das versteht sich von selbst, macht aber noch keinen guten Roman, sondern kann im Gegenteil Ausdruck einer völlig kunstfernen Sprachverwendung sein. Sprachlich schön, elegant, subtil? Es gibt nicht wenige Romane, deren Sprache auf das Hässliche, Eckige, Grobe zielt. Thomas Bernhards Sprache wird man nicht direkt elegant nennen wollen. Hat Böll schön geschrieben? Und es gibt nicht wenige Romane, die gut geschrieben sind, aber kaum etwas taugen.

In diesem Kapitel möchte ich Ihr Augenmerk auf die Sprachgestalt verschiedener Prosatexte lenken, um daran zu zeigen, dass das gut Geschriebene sehr verschiedenartig aussehen kann. Betrachten wir diese Passage aus Stifters Roman «Der Nachsommer»:

> Die Mittage waren lieb und angenehm. Auch das, daß Mathilde und Natalie so fein und passend wenn auch einfach

angezogen waren, wie ich es von meiner Mutter und Schwester gewohnt war, gab dem Mahle einen gewissen Glanz, den ich früher vermißt hatte. Die Vorhänge waren gegen die unmittelbare Sonne jederzeit zu, und es war eine gebrochene und sanfte Helle in dem Zimmer.

Die Abende nach dem Abendessen brachten wir immer im Freien zu, da noch lauter schöne Tage gewesen waren. Meistens saßen wir bei dem großen Kirschbaume oben, welches bei weitem der schönste Platz zu einem Abendsitze war, obgleich er auch zu jeder andern Zeit, wenn die Hitze nicht zu groß war, mit der größten Annehmlichkeit erfüllte. Mein Gastfreund führte die Gespräche klar und warm, und Mathilde konnte ihm entsprechend antworten. Sie wurden mit einer Milde und Einsicht geführt, daß sie immer an sich zogen, daß ich gerne meine Aufmerksamkeit hin richtete und, wenn sie auch Gewöhnliches betrafen, etwas Neues und Eindringendes zu hören glaubte. Der alte Mann führte dann die Frau im Sternenscheine oder bei dem schwachen Lichte der schmalen Mondessichel, die jetzt immer deutlicher in dem Abendrote schwamm, über den Hügel in das Haus hinab, und die schlanken Gestalten der Kinder gingen an den dunkeln Büschen dahin.

Wie finden Sie das? Hölzern, umständlich, steif? Für nicht wenige Sätze trifft das sicherlich zu. Schon der zweite würde einen roten Strich des Deutschlehrers provozieren: «Auch das, daß Mathilde…» Und der Abendsitz an den Abenden nach dem Abendessen klingt ziemlich abendlich. Dass man an diesem Abendsitz sitzt, überrascht auch nicht sonderlich. Aber dann kommt ein Satz wie dieser: «… und die schlanken Gestalten der Kinder gingen an den dunkeln Büschen dahin.» Und dieser Satz dann hat, wie mir scheint, ein stilles, anhaltendes Leuchten, er wirft ein warmes, schönes Licht wie eine Kerze, die nur in der unscheinbaren Umgebung dieser fast grauen anderen Sätze wirken kann.

Wenn Sie ein längeres Stück aus dem «Nachsommer» lesen, wird Ihnen ein extrem zurückgenommener, reduzierter Sprachgebrauch auffallen. Da ist zunächst der Mangel an stark wirkenden Verben. Wenn ein Gewitter beschrieben werden soll, sagt Stifter: «An dem Himmel, dessen Dämmerung heute viel früher gekommen war, hatte sich eine Veränderung eingefunden.» Die Form des Satzes dementiert seinen Inhalt. Etwas tropft herab – das wäre schon zu viel der Bewegung. Stattdessen: «Es ist kein Herabtropfen vorhanden.» Mir kam ein Gedanke – das wäre schon zu rasch und zu direkt gesagt. Stattdessen: «Ein eigentümlicher Gedanke kam mir in das Haupt.»

Dann gibt es die merkwürdige Redundanz der Mitteilungen. Stifter versucht nicht im Geringsten, das Gleichmaß der Wiederkehr abwechslungsreich zu gestalten. Im Gegenteil, er betont es bis zum Äußersten. Der Rhythmus der Gepflogenheiten, die ritualisierten Besuche, Gespräche, Spaziergänge – all das wird bis ins Detail immer von neuem wiederholt. «Der Tag verging ungefähr wie der vorige, und so verflossen nach und nach mehrere», heißt es einmal, und einige Seiten später lesen wir: «Nach dieser Unterbrechung gingen die Tage auf dem Rosenhause dahin, wie sie seit der Ankunft der Frauen dahingegangen waren»; wenig später findet sich der typische Satz: «Die Gespräche waren wie gewöhnlich», und dann heißt es: «Man wiederholte vielleicht oft gesagte Worte, man zeigte manches, das man schon oft gesehen hatte, und machte sich auf Dinge aufmerksam, die man ohnehin kannte.»

Von Handlung (es geht, banal gesprochen, um zwei Liebesgeschichten, eine glückliche und eine unglückliche) in gewöhnlichem Sinn kann bei diesem fast achthundert Seiten starken Roman ohnehin keine Rede sein. Seine merkwürdige Kunst besteht darin, alles, was sich zu einem Ereignis oder einer Handlung entwickeln könnte, in eine ereignis- und handlungslose Ruhe münden zu lassen. Leitmotivisch kehren die Jahreszeiten wieder, der Winter, den Heinrich Drendorf in der Stadt verbringt, das Frühjahr, wo er hinaus in die Berge zieht, der Sommer, der ihn pünktlich zur Zeit der Rosenblüte auf den Asperhof bringt, wo er den alten Risach trifft und später die geliebte Natalie. Stifter geht es keineswegs darum, etwas Neues oder Aufregendes mitzuteilen. Das immer Gleiche betont er penetrant, er gibt sich große Mühe, gerade das, was auf der Hand liegt, immer wieder mit genau denselben Worten zu erzählen. Das ist so auffällig, dass es zweifellos Methode hat, Produkt eines sehr präzisen Kunstwillens ist. Bis in die kleinste Zelle der Sprache hinein geht das Bewegungsverbot, und dadurch gewinnt die Landschaft des Romans eine kristalline Struktur. Das Leben ist erstarrt. Das Rad der Zeit, dessen Lauf niemand zu stoppen vermag – hier stottert und ruckt es und scheint auf einmal stillzustehen. Und daraus resultiert die ungeheure Spannung zwischen der Oberfläche und dem, was darunterliegt, die Spannung zwischen der Ruhe, die scheinbar herrscht, und der Unruhe, die natürlich da ist und an wenigen Stellen heftig und tragisch zum Vorschein kommt.

Da ist einerseits die Lebensgeschichte des alten Risach, seine unglückliche Liebe, die Versuchung des Selbstmords. Da ist andererseits die nie direkt angesprochene, immer aber spürbare politische Realität der Monarchie, die ja selbst ein Muster der Bewegungslosigkeit war und der vom Erdbeben der achtundvierziger Revolution ärgste Gefahr drohte. Der Stillstand, den Stifter literarisch formulierte, war politisch. Die März-Revolution, auf die er ursprünglich seine Hoffnungen gesetzt, von der er eine Lockerung des politischen Drucks und der Zensur erwartet hatte, enttäuschte ihn tief. Weniger, weil sie als Revolution scheiterte, sondern weil er sah, dass bedrohliche politische Energien freigesetzt wurden, die in Gefahr standen, Österreich aus den Angeln zu heben. Aus allem folgt die soziale Handlungshemmung, die Wolf Lepenies in seinem Buch «Melancholie und Gesellschaft» beschrieben hat; es folgt, weil jede Bewegung falsch ist, die Bewegungslosigkeit; es folgt, weil kein realer Handlungsspielraum mehr existiert, die zeitlupenhafte Verlangsamung und die sprachliche Vernichtung von Handlung; es folgt, weil es keine Zukunft gibt, der Versuch, die Gegenwart als Gegenwart der Vergangenheit unendlich zu machen.

Wenn Sie in diesen «Nachsommer» hineingehen, so werden Sie in dem seltsam gefilterten Licht des Buchs die zartesten und blassesten Farben wahrnehmen, filigrane Menschen mit den keuschesten Gedanken; Sie werden sehen, «welch ein Sommer hätte sein können, wenn einer gewesen wäre», wie Stifter in einem Brief an seinen Verleger schreibt. Sie werden die Utopie der Entsagung begreifen, die der alte Risach als die eigene Lebensdevise mit folgender Trias umschreibt: «Ergebung, Vertrauen, Warten». Und Sie werden spüren, wie die verzweifelte Anspannung Stifters, eine um jeden Preis heile Gegenwelt zu entwerfen, den Roman durchzittert wie die Vorahnung einer Katastrophe.

Darf ich Ihnen noch ein weiteres Beispiel zumuten? Es stammt aus dem «Witiko», Stifters letztem Roman (1864). Die Handlung beginnt im Jahr 1138 und schildert die böhmischen Erbfolgekriege, insbesondere die Erlebnisse des jungen Ritters Witiko. Etwa in der Mitte des ersten Kapitels gibt es folgende Szene:

Die Mutter hatte wie Bertha braune Haare und Augen. Sie hatte feine Hände und Glieder. An ihrem Körper war ein enges blaues Wams mit Silberrändern, die Vorderärmel und das weite Unterkleid waren aus blaßgelber Wolle. Die Haare deckte ein weites Netz mit Goldfädlein.

«Wiulfhilt», sagte Heinrich, «der junge Reiter Witiko von Pric, der Sohn Woks und Wentilas, ist unser Gast.»

«So habt Ihr meinen Vater gekannt?» fragte Witiko.

«Ich habe Euern Vater gekannt, mein junger Reitersmann, und kenne Eure Mutter», sagte Heinrich.

«Wir kennen die feine gute Wentila», sagte die Frau, welche eingetreten war, «und wenn Ihr der Sohn derselben seid, so heiße ich Euch in unserem Hause willkommen.»

«Ich bin der Sohn derselben», sagte Witiko, welcher aufgestanden war, «und so bin ich in einem Hause, in welchem meine Eltern gewesen sind.»

«In diesem Hause sind sie nie gewesen», sagte Heinrich, «wohl aber in einem andern.»

«So seid Ihr uns in diesem Hause gegrüßt», sagte Wiulfhilt.

«Ich freue mich des Grußes, edle Frau», entgegnete Witiko, «und verzeiht, wenn ich Eure Sorge mehre.»

«Meine Sorgen für das Haus sind meine Freude», sagte die Frau, «und für einen Gast doppelte Freude.»

«Wenn ich es nur verdiene», entgegnete Witiko.

«Ihr verdient es, weil Ihr der Sohn Eurer Eltern seid», antwortete Wiulfhilt, «und werdet es auch außerdem verdienen. Und wenn es auch nicht wäre, so wäret Ihr der Gast.»

«Wiulfhilt», sagte Heinrich, «der Reiter will heute noch auf den Sesselfels gehen, und abends zu den Köhlern im Klaffergrunde zurückkehren. Sorge für ein zeitiges Mahl.»

«So erlaubt, daß ich mich bis zum Mittagessen beurlaube», sagte die Frau.

«Tut nach Eurem Rechte», entgegnete Witiko.

«Und ich werde der Mutter folgen», sagte Bertha.

«Dann tust du recht», erwiderte der Vater.

Und die Mutter und die Tochter verließen den Saal.

Das ist nun in der Tat kein Wortwechsel, wie wir ihn aus den für ihre scharfen und schnellen Dialoge berühmten amerikanischen Romanen kennen. Er ist im Gegenteil beherrscht von zeitlupenhafter Langsamkeit. Die Personen sind statuarisch, ihr Benehmen ist förmlich. Es sind keine Personen in einem modernen Sinn, also nicht Individuen mit einer verzweigten Psyche und einem starken Selbstverwirklichungswunsch, sondern Repräsentanten eines Standes. Was sie fühlen und empfinden, wird selten angedeutet. Es gibt auch keine Metaphern und Wie-Vergleiche. Die Sprache ist bis zur völligen Kargheit abgemagert auf das Wesentliche. Sie erweckt zuweilen den Anschein der Unbeholfenheit, und das mag viele Leser stören. Ich muss sagen, dass mir zwar die Lektüre des späten Stifter (der frühe, der Autor der «Studien» und «Bunten Steine», ist bekömmlicher) nicht immer leicht fällt, denn auch ich sträube mich zunächst gegen die Verlangsamung; zugleich aber empfinde ich die sprachliche Askese als wohltuend und befreiend. Sie befreit von der maulfertigen Opulenz, von der ausgefuchsten Kunstfertigkeit, mit der uns heute viele Texte, bis hinein in die Medien, auf lästige Weise beglücken; und sie tut wohl, weil sie die Eskalation der Reize aufhebt und das Sensorium beruhigt wie ein langer Gang durch den Wald. Man kann bei ihm die einfache und kräftige Bedeutung der Wörter wiederfinden.

Vielleicht darf ich einen etwas trivialen Vergleich heranziehen: Es dient ja eine immer mehr verfeinerte Kochkunst nicht immer der Steigerung des Wohlgeschmacks. Besonders in den so genannten Edelrestaurants überlagert die willkürliche Kostbarkeit der Zutaten und der Zubereitung nicht selten die ursprüngliche Eigenart der Speisen derart, dass man sich nach einer simplen Kartoffel sehnt. Das scheint mir auch das Merkmal einer mit allen Wassern literarischer Kenntnis gewaschenen Schreibmode, wie man sie zuweilen in den avancierten Magazinen findet. Und dann kann es passieren, dass einem ein Satz wie «Die Mutter hatte braune Haare und Augen» plötzlich als Wohltat erscheint.

Ich will Sie nicht zu Stifter überreden – er ist und bleibt ein spröder Autor –, sondern nur darauf hinweisen, dass es auch die Aufgabe der Schriftsteller ist, Expeditionen an die Ränder der üblichen Kommunikation zu unternehmen. Sie wecken damit unser Verständnis für die Sprache, die wir pausenlos benutzen und vernutzen. Der Vorgang bringt es mit sich, dass manche dieser Texte uns fremdartig erscheinen, vielleicht gar unverständlich, jedenfalls nicht «gut geschrieben». Gut schreiben aber kann inzwischen jeder halbwegs Gebildete, und wenn er es nicht kann, so mag er ein Schreibseminar besuchen. Große Literatur aber ist etwas anderes.

Ich möchte Ihnen jetzt einen Autor vorstellen, den ich

durch Botho Strauß kennen gelernt habe. Strauß, selbst ein außerordentlicher Schriftsteller, der sich schreibend und denkend aus der Mitte unseres Verständigungszusammenhangs herausbewegt, hin auf eine an verschüttete Traditionen anknüpfende Sprache, Botho Strauß hat für die ZEIT einen kleinen Essay über den Schriftsteller Konrad Weiß und seinen Prosaband «Die Löwin» geschrieben, aus dem ich die folgenden Passagen zitiere:

Mitten im 20. Jahrhundert gab es in Deutschland einen Mystiker-Dichter, einen spröd sprechenden Nachfahren der Böhme, Tauler und Baader, und er hieß Konrad Weiß. Sohn eines Metzgers und Landwirts, wuchs er in einem Dorf in Nordschwaben auf, unweit der Stammburg der Staufer, sodass, wie es ihm selber schien, seine Landsmannschaft ihn zeitlebens an das Mittelalter band und er in seinem Kunstsinn, darin Rudolf Borchardt ähnlich, zu einem Enthusiasten der Frühe wurde. (...)
Von seinem nicht sehr umfangreichen, im Wesentlichen lyrischen Werk ist im gegenwärtigen Buchhandel nichts mehr erhältlich. Bis vor kurzem gab es lediglich ein Bibliothek-Suhrkamp-Bändchen mit der Prosadichtung *Die Löwin*. Keine novellistische Geschichte wird erzählt, sondern die Ausstrahlung, die ebenso sinnliche wie sinnbildhafte, einer zentralen Begegnung durchzieht und bewegt den gesamten, sonst ereignislosen Text. Vier Begegnungen fasst das Buch. Begegnungen stets mit einer weiblichen Gestalt, nicht etwa einer individuellen Person, sondern jedes Mal ist es eine Unbekannte, die dem Mann auf seiner Wanderung in den Weg tritt. Eine Unbestimmbare auch, die plötzlich die Figur der absoluten Fremdheit und Bedrohlichkeit annimmt oder offenbart. (...)

Die Harpyie in der zweiten Begegnung ist nicht eigentlich Allegorie, kein erschreckendes Fabelwesen, Mischung aus Mädchen und Greif. Vielmehr ist es zuerst «die starke und kräftige Frauengestalt» einer Sommer-Klausnerin, die dem abgeirrten Streckenarbeiter des Gleisbaus den Weg über die Felder weist, den er verlor. Doch auch sie entführt, lädt ihn an ihren Herd und geht ihm voraus. Erst bei der schönsten Bewegung, die die Vorausgehende ausführt auf einer Stiege, als sie den Schuh, der ihr vom Fuß rutscht, mit einer freimütigen Biegung zu ihrem Gast hin wieder anlegt, erkennt dieser im spaltenden Moment Gelenk und Kralle, sieht er vor sich die Zehe des Vogels, «und diese schien angesetzt wie an ein geringeltes Fruchtholz».

Wenig später blickt er in ihre ganz ins Weiße verschlossenen Augäpfel, und nun entstellt sich seine Führerin in die Nacht oder kehrt ihr tieferes Wesen hervor, ihr in Stein gehauenes Bild, die Unnahbarkeit einer Portalskulptur. Es ist im selben nahen Gegenüber zweier Menschen ein Schwanken von Nähe und Entrückung. Die Wellen des Erkennens tragen zueinander und dann wieder in die Entfernung. (...)

Die Prosa von Konrad Weiß kennt wenig Detailbeschreibung, keine Oberflächenreize, kein atmosphärisches Kolorit. Auch die großen farbigen Ausmalungen des Himmels, die wechselvoll wiederkehren, sind zuletzt spirituelle Erfahrungen der Last, der Entfernung, der ewigen Trennung zwischen der Schöpfung und dem «Krüppelchen» ganz unten, das sie erkennt. Die Sprache ist gleichsam eine Infrarot-Sprache, welche die Wärme- und Kraftfelder eines Menschen darstellt. Sie unterscheidet allenthalben nur Gestalt, innere wie äußere, und erfasst den Hauch, Pneuma und Nimbus, eines Menschen genauer als seine Lebensumstände. Sie gibt die Stelle an, wo er sich zwischen Hauch und

Hunger, dem Hunger nach dem unendlich entfernten Gott, gerade befindet. Und sich verzehrt.

Soweit Botho Strauß. Ich gebe Ihnen nun die von Strauß erwähnte Stelle aus dem Stück «Harpyie» des Bandes «Die Löwin» (1928). Zum Verständnis: Der Mann hat die Frau nach dem Weg gefragt, den er verloren hat. Es ist schon spät am Abend. Sie lädt ihn ein in ihr Haus und sagt, sie gingen nun «zu unserem Herde», wobei zunächst offen bleibt, wer mit dem «unser» gemeint ist:

Ich sah sie schattig und im Umriß einer größer gewordenen Gestalt vor der verdunkelten Mauer. Sie trat dann an die Staffel, die hoch in steilen Stufen schräg an dem steinernen Gefüge hinaufführte. Zu unserem Herde, sprach ich innerlich nach und dabei hatte ich plötzlich Hunger. Und ich dachte an die Herdflammen, die sich wie viele Zungen beschäftigen, und sah wieder auf die Frau, die jetzt schwarz und klein und unruhig beweglich die Stufen erklomm, bis ich ihr nahe kam und das Gefühl unserer Körperlichkeit in der gefährlichen Steile um uns schwebte. Wieder beschäftigten mich die Flammen, die in ihrem eigenen Hauche gezügelt sind, je mehr sie sich aus sicher selber entschlagen, und dabei genoß ich meine Müdigkeit in meinen Mundwinkeln wie Blut. Und so wie ein zischelndes Brodeln am Holze den Körper des reinen Elements einer Flamme in einem flackernden Lachen verbreitert und ihrem hohen Zuge Einhalt tut, bis ihr nächster Atem wieder höher schlägt, so ging es mir jetzt in raschen Empfindungen, die fast mit den Herzschlägen wechselten und in ein schreckliches Grauen übersprangen, als die Frau plötzlich anhielt und sich schon auf den obersten Stufen rücklings gegen mich herabbeugte, um mit dem Arme nach ihrem einen Schuh zu greifen, der ihr von dem bloßen Fuße, den ich jetzt sah, abgegangen war. Ihr wehender Hauch kam über mich, während ihr glänzendes Antlitz in meine Augen tauchte, und während sie den Schuh wieder anstreifte, sah ich unter der schimmernden Säule des Fußes ihre Ferse und in einer Höhlung, die rückwärts darin war, den Knoten eines Gelenks wie von einer Zehe und darunter den blauen Schein eines Nagels wie von einer Kralle; und diese schien angesetzt wie an einem geringelten Fruchtholz.

Das ist nun in vieler Hinsicht das Gegenteil von Stifter: Ein bilderreicher, hoch aufgeladener, starke sinnliche Reize tragender Sprachfluss, der sich in langen Satzkaskaden ergießt. Zugleich arbeitet er mit machtvollen Bildeffekten: Das Feuer symbolisiert die plötzlich aufsteigende sexuelle Begierde, die nicht zufällig auf dem Gipfel dieser offenbar langen und steilen Außentreppe ihren Höhepunkt findet, da sich die Frau des Schuhes wegen ihm zubeugt. Das Feuer aber ist auch gefährlich, und diese Gefahr wird dem Mann durch das plötzliche Gefühl eines «schrecklichen Grauens» bewusst, das am Ende des Satzes durch die Anschauung bestätigt wird: Er erkennt in der Ferse der Frau eine vogelähnliche Kralle. Die Harpyie ist ein Furcht erregendes antikes Fabelwesen, ein Vogel mit dem Kopf einer Frau, und in der Szene wird die erotische Spannung, die sich im Verlauf der Geschichte allmählich gesteigert hat, auf einmal aufgespalten in Faszination und Furcht. Die Frau erscheint nun als das Zentrum einer unheimlichen Anziehungskraft, der sich der Mann am Ende (feige? klug?) entzieht.

Ist das «gut geschrieben»? Ein Sprachkritiker könnte

viele Einwände geltend machen, und es ist gut möglich, dass Ihnen ein solcher Text zu intensiv-bedrängend, zu «dick» daherkommt. Und doch sehe ich in der Szene eine seltene, eine berückende Verbindung aus Magie und Präzision, der ich mich nur schwer entziehen kann, was entscheidend an dieser ungewöhnlichen Sprache liegt, die sich manchmal knapp neben dem angemessenen Vokabular bewegt, fast so, als läse man die Übersetzung aus einer unbekannten Sprache.

Sie können an dieser Gegenüberstellung – hier Stifter, da Weiß – leicht erkennen, wie schwierig es ist, die sprachliche Gestalt eines literarischen Kunstwerks zu bewerten. Zunächst sollte man sie an dem Anspruch messen, den sie sich gibt, an dem Gesetz, dem sie sich beugt. Man kann dann diesen Anspruch, dieses Gesetz immer noch für irregeleitet halten, muss aber seine Ablehnung von eben daher begründen. Ich habe immer wieder meine Zweifel an einer Sprachkritik, die abstrakt, also unter Missachtung der näheren Umstände daherkommt und dann auf überschlaue Weise schulmeisterlich verfährt. Sprachkritik versteht jeder, der sonst nichts versteht.

Ich möchte dieses Kapitel mit einem aktuellen Beispiel schließen. 2004 erschien der zweite Roman der jungen Schriftstellerin Juli Zeh (Jahrgang 1974) unter dem Titel «Spieltrieb». Er erzählt eine Schülergeschichte, in dessen Mittelpunkt die vierzehnjährige Ada steht. «Ada war ein junges Mädchen und nicht schön.» So beginnt die Erzählung. Wir erleben hier das Drama des hoch begabten Kindes, das früh erwachsen werden muss, weil die Erwachsenen ewig Kinder bleiben. Die Familienverhältnisse sind gut situiert und zeitgemäß zerrüttet. Die allein erziehende Mutter, verlassen von ihrem Mann, sitzt mit verheulter Wimperntusche im Wohnzimmer, während sich Ada in der Toilette einschließt, um ungestört rauchen und lesen zu können: Balzac, Kant, Nietzsche, Musil. Ihr Freund, etwas älter, ist ebenfalls hoch begabt, und beide üben sich in einer Attitüde des Zynismus und der Herzenskälte. Einmal diskutieren sie mit ihrem Geschichtslehrer. Der schon etwas ältere Mann ist ein ironischer Pessimist. Er nennt die beiden «furchtbar altmodisch: Nihilisten». Adas Freund entgegnet: «Schlimmer. Die Nihilisten glaubten immerhin, dass es etwas gebe, an das sie *nicht* glauben konnten.» Und Ada sagt von sich selbst: «Wahrscheinlich bin ich ohne Glauben auf die Welt gekommen, wie andere Leute ohne Arme oder Augenlicht geboren werden.» Die Geschichte gipfelt in der ebenso spielerischen wie bösartigen Erpressung des Sportlehrers, aber ich will sie hier nicht zu Ende erzählen.

Ich fand diesen Roman intelligent und spannend, geprägt von einem scharfsinnigen Blick und einer außergewöhnlichen Sprache, und lobte ihn in der ZEIT. Andere Kritiker aber fanden das Buch schlecht geschrieben, voller Stilblüten und sprachlicher Entgleisungen. Wer hat Recht? Betrachten wir die folgende Passage (der Junge, um den es hier geht, ist nicht der erwähnte Freund, sondern ein anderer, mit dem Ada sich zerstritten hat):

Olaf schob mit einer Geste, die er vor dem Spiegel einstudiert hatte, die Lippen vor und steckte eine Haarsträhne im Pferdeschwanz fest. Ada zog den Blick aus seinem Gesicht wie ein Messer aus einem Stück Butter, legte den Kopf in den Nacken und hielt nach ziehenden Wolken Ausschau. Es gab keine ziehenden Wolken. Der Hochsommer lag im Sterben, der Himmel war blass wie von einer Kreislaufstörung, ein ungesunder Wind rieselte in kleinen Stößen durch das Gebüsch am Straßenrand.

Ja, das ist mindestens auffällig. Kann man einen Blick mit einem Messer vergleichen und ein Gesicht mit einem Stück Butter? Kann ein Wind ungesund, ein Himmel blass sein wie der Herr Nachbar? Die Vergleiche sind ganz offensichtlich forciert, sind grell. Aber weil diese Geschichte in hohem Tempo erzählt wird, mit Bildern und Szenen, die an die Grenze des guten Geschmacks gehen, verrät sie etwas über eine Mentalität, eine Stimmungslage, eine geistige Verfasstheit, die mir bezeichnend scheint – ganz unabhängig davon, ob diese beiden Schüler repräsentativ sind. In jedem Fall verkörpern sie eine hochfrequente, reaktionsschnelle Intelligenz, die mit traditionellen Vorstellungen von Moral nichts mehr anzufangen weiß. Und dem entspricht die Sprache des Romans. Sie ist nicht frei erfunden, wie ja keine Sprache erfunden sein kann, sondern sie bezieht sich auf einen literarischen Horizont, den das folgende Zitat anschaulich macht. Es stammt aus einem jener Kapitel, in denen Juli Zeh das Wetter zur Begleitperson von Adas Stimmungen macht, und das Wort Begleitperson ist insofern wörtlich zu nehmen, als die Handlung in die Zeit der Eisheiligen fällt (also in den Mai). Jedes dieser Kapitel beginnt mit einem dieser Eisheiligen, also Servatius, Pankratius und hier Bonifatius:

Sein Auftritt in diesem Jahr fiel schwach aus. Bonifatius war ein Tüftler und hatte zu Monatsanfang dafür gesorgt, dass sich die Erdoberfläche des Kontinents stark erwärmte, bis Konvektion die Luftmassen als gewaltigen, unsichtbaren Fesselballon in die Höhe steigen ließ. Die Blasen sollten über Großbritannien unter rasanter Verengung der Isotopen wieder absinken und eine Polarfront nach Mitteleuropa hinunterschieben. An vorderster Linie wären Wolkentürme aufgequollen und hätten sich in einem Gewitter entladen, das genau an seinem Ehrentag die Atmosphäre über Bonn mit Schnee- und Hagelstürmen in ein Inferno verwandeln sollte. Er wusste nicht, warum es nicht geklappt hatte. Hohe Schicht- und Federwolken ließen den morgendlichen Himmel aussehen wie eine schlampig gestrichene Wand.

Erinnert Sie das an eine gewisse Stelle unserer Wanderung? Ja, es handelt sich zweifellos um eine Anspielung, um ein Weiterspielen von Musils Wetterbericht aus dem Anfang des Romans «Der Mann ohne Eigenschaften». Und dieser Roman hat für Juli Zehs Roman ganz erkennbar eine wichtige Bedeutung – aber nicht so, dass sie ihn einfach adaptiert oder imitiert hätte, sondern eher so, dass sie wie ein moderner Klarinettenvirtuose ein berühmtes altes Jazz-Motiv aufnimmt, auf ihre Weise variiert und zu etwas Neuem hinführt.

Die Beispiele, die ich Ihnen vorgeführt habe, bezeichnen relativ extreme Positionen des herkömmlichen Erzählens, und Sie können selbst sehen, wie Ihre Geschmacksnerven darauf reagieren. Wobei Sie zwischen Ihrer persönlichen Empfindung unterscheiden sollten und der Wahrnehmung eines «Sounds». Ob der stimmt (für das, was er sagen will), das ist die eine Frage; ob er Ihnen gefällt, die andere. Beide Fragen lassen sich oft nicht wirklich voneinander trennen – denn wir Leser sind keine Gutachter, sondern empfindende und empfindliche Teilnehmer des literarischen Prozesses. Eben das ist der Grund dafür, dass die Urteile ähnlicher Menschen über ein und dasselbe Buch so unterschiedlich ausfallen. Das macht mir als Kritiker nicht selten zu schaffen, aber ich tröste mich damit, dass darin das eigentlich Spannende aller Gespräche über die Literatur besteht: Das eine und einzig gültige Urteil kann es nicht geben, weil die Literatur mit all ihren Erscheinungsformen ein unendliches Verfahren ist – unendlich, solange es Bücher und solange es Leser gibt.

Neunte Pause
Was fehlt?

Ich merke mit einem kleinen Bedauern, dass ich Sie in den beiden letzten Kapiteln auf sonderbare Abwege geführt habe. Nicht, dass ich meine Wegweisung widerrufen möchte, denn die Literatur ist ein weites Feld, auf dem es viele Wege gibt (der Satz «Das ist ein weites Feld» ist der Lieblingsspruch des alten Briest, den er vor allem dann von sich gibt, wenn er völlig ratlos ist). Aber ich bedaure, dass nun, da sich diese kleine Wanderung dem Ende nähert, so viele Sehenswürdigkeiten unbesichtigt geblieben sind. Aber ich bin kein Fremdenführer, und es steht Ihnen frei, das Versäumte aus eigener Initiative nachzuholen.

Der Versäumnisse gibt es viele, und ich nenne zuerst die, auf die ich mich jetzt besinne. Da sind die großen Romane Dostojewskis, von denen man endlos erzählen könnte. Ich hatte wie gesagt eine Zeit, da ich sie hingerissen las, und ich erinnere mich vor allem an das in immer wildere Verwirrungen führende Gesumse, Gerede, Getöse ganz vieler ungeheuer ausgeprägter Gestalten. Es kam zu keinem Ende, oder ich habe es vergessen. Aber was ich nicht vergessen habe, ist diese fiebrige, gewittrige Stimmung, die über allem liegt, als müsste sich bald etwas entladen, in einem Gewitter, einer Krankheit oder einem Mord. Und das passiert ja dann auch. Bei dieser Gelegenheit empfehle ich Ihnen den 2005 erschienenen Roman «Kirillow» des äußerst begabten jungen Schriftstellers Andreas Maier. Der Titel bezieht sich auf eine Figur aus den «Dämonen», und das Buch zeigt die anhaltende Faszination und Bedeutung Dostojewskis.

Ein großes Versäumnis ist Balzac. Es fällt zwar auf, wenn man einzelne Sachen argwöhnisch liest, dass sie nicht selten irgendeinem Stadium des Weges vom Laich zum Frosch gleichen: Da gibt es einen großen, einprägsamen Kopf (den Anfang), aber der Schwanz (das Ende) ist nicht immer ganz ausgebildet. Aber das ist ein kleinkarierter Einwand gegen ein gigantisches, vorher und nachher nicht dagewesenes Projekt: Dass die Romane Balzacs (die Taschenbuchausgabe des Rowohlt Verlages zählte 50 Bände) einen großen Zusammenhang bilden, eine tatsächlich «Menschliche Komödie», in der (die Geschichten spielen zumeist in Paris, wo sonst?) die Personen und ihre Komödien, die immer auch Tragödien sind, in wechselnder Bedeutung und Funktion immer wiederkehren – ganz so, als handelte es sich nicht um erdachte Menschen, sondern um wirkliche. Das sind sie, dank der Kunst Balzacs und seiner anhaltenden Wirkung, auch geworden (ich erwähne nur den grandiosen Film «La belle Noiseuse» von Jacques Rivette mit der wunderschön jungen Emmanuelle Béart und dem ebenfalls schönen, aber deutlich gealterten Michel Piccoli); und dies wäre eine notwendige Ergänzung unserer Betrachtung über das Fortwirken literarischer Helden (drittes Kapitel).

Dann fehlt John Cowper Powys, dessen «Wolf Solent» ich einmal las und mit wachsender Begier seinen (des Helden Wolf) erotischen Affären folgte, die immer unübersichtlicher wurden, weil der Roman nirgends die Absicht erkennen ließ, an ein Ende zu kommen. Was mir Heimito von Doderer vor Augen führt, auf dessen «Strudlhofstiege» ich mich einst begab (später fiel ich unter seine «Dämonen»), der es ebenfalls versteht, unser normales Zeitgefühl aus den Angeln zu heben, indem er die Gleichzeitigkeit von Empfindungen und Wahrnehmungen realisiert, die scheinbar nichts miteinander zu tun haben.

Vielleicht ist das die größte Leistung der großen Schriftsteller: Dass sie unser Zeitgefühl, das sich gern oder ungern dem Terror der Uhr und des Kalenders fügt, wirksam unterlaufen. Was auf seine Weise der große Amerikaner Henry James tut, an dessen «Bildnis einer Dame» ich mich erinnere: die geradezu thomasmannhaft erzählte Geschichte einer sehr schönen Frau, die sich selbst verliert – was, wie immer bei James, auch mit der Hassliebe der beiden Kontinente, des alten Europas und der Neuen Welt, zu tun hat. Und Proust natürlich, wie konnte ich den vergessen? Nein, ich habe ihn nicht vergessen, er ist einer der Größten, aber ich würde dieses Büchlein allzu sehr belasten, wenn ich auch dazu noch etwas sagen wollte.

Schließlich Eichendorff: Von ihm stammen die schönsten deutschen Gedichte, wobei man zumeist übersieht, dass er, abgesehen von der Schulbucherzählung des «Taugenichts», wunderbare Romane wie «Ahnung und Gegenwart» oder «Dichter und ihre Gesellen» geschrieben hat. Aber diese Bücher wirken wie zaubrische Lieder, die einem lange ans Herz rühren – sagen lässt sich darüber nur schwer etwas.

Natürlich gibt es noch ganz viele Namen (Joseph Conrad: Warum habe ich sein «Herz der Finsternis», Vorlage für Coppolas Film «Apocalypse now», nicht erwähnt?). Die Liste ist endlos, aber unsere Wanderung ist zu Ende. Jetzt sind Sie dran, lieber Leser.

Zehntes Kapitel
Über das Leichte und das Schwierige

Nun sind wir also angekommen. Also auf dem Gipfel?
Meine Antwort wird Sie enttäuschen, denn sie lautet: Ja
und Nein. Ja, denn wir haben die fruchtbaren Ebenen
und das aussichtsreiche Vorgebirge eines realitätsgesättig-
ten Erzählens durchschritten, haben die ersten Gipfel
einer sich von der kruden Wirklichkeit befreienden Literatur kennen gelernt und sind am Ende zu jenen bizar-
ren Steilwänden vorgedrungen, die sich von der normalen Verständigungsprosa entfernen.

Nein, denn nun müssen wir uns leider von dem doch
etwas strapazierten Bergwanderungsbild entfernen. Wahr
ist immerhin, dass es leichte Texte und schwierige gibt,
und hoffentlich habe ich Ihnen den Weg zu den schwierigen etwas leichter machen können, jedenfalls war das
mein Ziel. Aber es gibt zwei wesentliche Einschränkun-
gen: Erstens hat die Qualität der Werke mit ihrer Schwie-
rigkeit wenig zu tun. Es ist nicht so, dass die schwierigeren
Bücher immer die besseren sind und die leichteren die
weniger guten. Joseph Roths «Hiob» zum Beispiel ist ein
außerordentlich leicht lesbarer Roman und zugleich ein
großes Kunstwerk, während Clemens Brentanos Roman
«Godwi» (1801), den er im Untertitel «verwildert» nennt,
in der Tat ziemlich wild ist, aber alles in allem doch eher
ein verschwatztes Werk. Oder, um ein neueres Beispiel zu
nennen: Ich halte den 1250 Seiten umfassenden und

äußerst gelobten Roman «Die Fälschung der Welt» von William Gaddis (deutsch 1998) nicht nur für eine schwer lesbare Demonstration stupender Gebildetheit, sondern außerdem für missraten.

Zweitens aber sind Romane keine Autos, deren Schnelligkeit und Verarbeitungsqualität messbar wären. Lichtenbergs aphoristische Frage «Wenn ein Buch und ein Kopf zusammenstoßen, und es klingt hohl, ist das allemal im Buch?» lässt sich ja auch so verstehen: Beim Lesen stoßen zwei Köpfe zusammen (der Autor und der Leser), und das Ergebnis dieses Zusammenstoßes hängt nicht allein vom Buch ab, sondern vor allem von den zwei Köpfen – ob die einander etwas zu sagen haben und ob ihre Temperamente harmonieren.

Am Ende seines Romans «Wenn ein Reisender in einer Winternacht» entwirft Italo Calvino eine Typologie der verschiedenen Leser. Da ist einmal der Leser, der das Buch nur als Anstoß zu eigenen Assoziationen und Gedankenflügen nimmt; dann der Leser, für den sich jedes Buch in ein ideales Gesamtbuch fügt, das sich mit jeder weiteren Lektüre vervollständigt; schließlich jener Leser, der in jedem neuen Buch nur das ferne Echo der Kindheit hört und die Geschichte sucht, die alle Geschichten enthält; und letzten Endes der simple Leser, der sich am liebsten jenen Büchern zuwendet, die man zügig durchlesen kann, vom Anfang bis zum Schluss.

Wir können diese Typologie leicht um ein paar einfache Beschreibungen erweitern: Um den Leser (jetzt den männlichen), der die Schilderung von Abenteuern zu Wasser und zu Lande liebt; um die Leserin, die der Wirrnis der Gefühle und des Herzens gerne folgt; um jene Leser generell, denen es wichtig ist, dass der Roman etwas mit ihnen selbst und ihrer Gegenwart zu tun hat – im Gegensatz zu jenen Lesern, die es vorziehen, bei der Lektüre in andere, vergangene Welten einzutauchen. Dann gibt es, wie im vierten Kapitel erwähnt, Leser, die das Finstere und Schreckliche im Buch nicht scheuen, während es andere vielleicht um den Schlaf bringt.

Weil sich also jeder Leser vom anderen unterscheidet, ist auch jede Reaktion auf ein bestimmtes Buch verschieden. Das heißt aber nicht, dass aus diesen verschiedenen Reaktionen jedes beliebige begründungslose Urteil abgeleitet werden könnte. Ich spreche hier nämlich nur von der Empfindung, die jemand bei einer Lektüre hat, nicht vom Werturteil. Ein Beispiel: Ich gebe sofort zu, dass der «Ulysses» von James Joyce einer der gewaltigsten, erstaunlichsten Romane ist, die je geschrieben wurden, aber es gelingt mir nicht, ihn wirklich zu lieben. Ihnen wird es mit anderen Büchern ähnlich ergehen. Und nicht immer wird man mit seiner Liebe glücklich. Ich etwa habe eine unglückliche Zuneigung zu Hans Henny Jahnn – unglücklich, weil ich seine Schwächen deutlich sehe.

Insofern ist die Anerkennung literarischer Größe eine Sache – die lesend-liebende Hingabe an ein Werk eine andere. Und diese Hingabe ist nicht nur davon abhängig, dass ich eine so oder so geartete und geprägte Person bin, sondern auch davon, in welcher Lebenslage und in welcher Stimmung ich mich gerade befinde. Man liest ja nicht jederzeit alles. Es gibt Augenblicke, da einem der schlicht gestrickte Schmöker gerade recht ist. Nach einer Weile hat man vielleicht genug davon und findet Gefallen an Büchern einer hoch entwickelten Literarizität, etwa an Calvino oder Perec.

Den glücklichen Augenblick, da einem das eine und

richtige Buch in einer bestimmten Lebenssituation begegnet, kann man nicht vorherbestimmen. Aber natürlich ist die Chance, ihn zu erwischen, für den notorischen Leser größer als für den Gelegenheitsleser. Wer ihn erlebt hat, wird froh daran zurückdenken – vielleicht, weil ihm ein Buch in einer verzweifelten Situation Mut gegeben oder in einem erhebenden Augenblick diesen Augenblick erst bewusst gemacht hat; aber zuweilen wird er auch erleben, dass sich diese Erfahrung durch eine erneute Lektüre nicht wiederholen lässt.

Um das Gesagte anschaulich zu machen, will ich die Bücher, die wir betrachtet haben, nach Kategorien ordnen. Auf der einen Seite hätten wir drei Schwierigkeitsgrade, auf der anderen drei Textgeschwindigkeiten. Damit meine ich die Zeit, die sich ein Text nimmt, um eine Szenerie zu entwickeln. Es gibt Leser (oder Lesesituationen), die ein gewisses Zeitmaß verlangen, und es hat keinen Sinn, wenn der eigene Rhythmus dem des Textes allzu sehr widerspricht, sich lange damit zu quälen. Hier das Raster:

	Leicht	**Mittel**	**Schwierig**
Langsam	Effi Briest	Zum Leuchtturm	Der Nachsommer
Bewegt	Hiob	Bartleby	Bericht für eine Akademie
Dramatisch	Robinson	Anton Reiser	Krieg im Sertão

Sie sehen an diesem Spiel (mehr kann es nicht sein), dass der vermutliche Schwierigkeitsgrad allein nicht viel besagt. Es ist denkbar, dass Ihnen etwa der langsame «Nachsommer» in einem bestimmten Augenblick eher entspricht als der leichtere, aber schnellere «Robinson». Wir können das Spiel mit anderen Kategorien wiederholen:

	Leicht	**Mittel**	**Schwierig**
Finster	Michael Kohlhaas	Korrektur	Das Schloß
Amüsant	Die falsche Kiste	Wenn ein Reisender	Tristram Shandy
Erotisch	Unschuld	Tod in Venedig	Die Löwin

Eine dritte Variante beträfe den Inhalt, das Thema der Geschichten, und ginge so:

	Leicht	**Mittel**	**Schwierig**
Mythen	Harry Potter	Herr der Ringe	Parzival
Abenteuer	Robinson	Moby-Dick	Fluß ohne Ufer
Liebe	Werther	Madame Bovary	Tom Jones
Das ganze Leben	Hiob	Blechtrommel	Gebrauchsanweisung

Wenn Sie nun versuchen, alle Kategorien miteinander zu kreuzen, also den langsamen, mittelschwierigen Liebesroman zu suchen oder den leichten, amüsanten Abenteuerroman und so weiter, dann sehen Sie, dass solche Tabellen nicht weit führen. Es bleibt dabei: Sie sind (als Leser) der Chef und müssen selbst bestimmen, was für Sie taugt. Das heißt nicht, dass Sie immer den leichtesten Weg gehen wollen. Sie scheuen herausfordernde Romane keineswegs. Aber welche das sind unter den Tausenden, Millionen, die in Frage kämen, das müssen Sie selbst herausfinden. Es gibt nur einen Trost: Das Gelände ist nicht vollkommen unerforscht (wie immer noch manche Gegenden in Grönland). Nein, Heerscharen von Lesern und Forschern haben es immer neu vermessen, und jeder Lektürevorgang fügt dieser unermesslichen Leselandkarte neue Zeichen und Wegmarken hinzu. Das merkwürdige und, wie ich glaube, nicht bestreitbare Faktum, das dabei herauskommt, ist mit einem Wort der Kanon, also das imaginäre Verzeichnis der maßgeblichen Werke. Ich hüte mich, mit Ihnen einen längeren Streit über den Kanon vom Zaun zu brechen, sondern sage nur: Es gibt den Höhenkamm der kanonischen Texte, was Sie allein schon daran erkennen können, dass sich die Schriftsteller immer wieder und immer von neuem darauf beziehen. Aber dieser Höhenkamm ist nicht unveränderlich – wie auch das reale Gebirge vulkanischen Neubildungen und Erosionen unterliegt. Gewisse Gipfel jedoch bleiben.

Mit diesem erneuten Rückfall in die Bergwanderersprache verabschiede ich mich und wünsche Ihnen viel Glück beim Lesen.

Anhang

Hilfsmittel

Kindlers Literatur Lexikon (auch bei dtv) enthält, nach Titeln
geordnet, die wichtigsten Werke der Weltliteratur.
Walter Killy: Lexikon der deutschen Literatur, ist nach Autoren
geordnet.
Rolf Vollmann: Die wunderbaren Falschmünzer – Ein Roman-
Verführer 1800 bis 1930, auch als Taschenbuch bei btb.
Alberto Manguel: Eine Geschichte des Lesens, auch als Rowohlt-
Taschenbuch.

Internet-Adressen

Nicht alle der in diesem Buch genannten Bücher sind noch lie-
ferbar. Mit dem «Zentralen Verzeichnis Antiquarischer Bücher» (ZVAB) habe ich gute Erfahrungen gemacht:
http://www.zvab.com
Man findet darin seltene, nicht mehr lieferbare Ausgaben, aber
auch billige und gebrauchte Exemplare. Das Schöne ist, dass
man keine heiklen Daten preisgeben muss, sondern auf
Rechnung bestellen kann. Die lieferbaren Bücher nennt Ihnen der Buchhändler, oder Sie finden sie hier:
http://www.buchhandel.de/
Alles, was mit Literaturwissenschaft, mit ihren Quellen und In-
stitutionen zu tun hat, finden Sie hier:
http://www.phil.uni-erlangen.de/~p2gerlw/ressourc/liste.html
Das ist die so genannte Erlanger Liste, die ein unglaublich reiches Verzeichnis aller Internet-Quellen enthält, die irgendwie mit Literatur zu tun haben: Kataloge, Zeitschriften, Da-

tenbanken etc. Darunter auch die folgende, die ich eigens hervorhebe:

http://gutenberg.spiegel.de/

Hier ist ein gewaltiger Fundus nicht allein, aber vor allem deutschsprachiger urheberrechtsfreier (!) Online-Texte, in der Regel in zuverlässigem Zustand. Die Suche nach Textstellen allerdings funktioniert gar nicht oder nur mangelhaft. Das verdienstvolle Unternehmen hat seit einiger Zeit Asyl auf der Internet-Seite des «Spiegels» gefunden. – Englischsprachige Literatur aus der Zeit 1477 bis 1799 (also Shakespeare, Defoe, Sterne etwa – leider nicht den «Tristram Shandy») gibt es hier:

http://darkwing.uoregon.edu/~rbear/ren.htm

Sie können natürlich, was Sie längst wissen, alle diese Seiten (etwa auch die über Melville) ganz leicht über Google finden. – Vielleicht haben Sie schon von der «Digitalen Bibliothek» gehört:

www. digitale-bibliothek .de/

Hier finden Sie auf CD-ROMs oder DVDs ganze Text- und Bild-Bibliotheken, unter anderem der deutschen Literatur, versehen mit handlichen Suchwerkzeugen. Auch hier gilt wieder, dass Sie dort nur urheberrechtsfreie Texte finden können. (Das Urheberrecht erlischt 70 Jahre nach dem Tod des Autors.) Wenn Sie sich zuweilen fragen, wer die zahlreichen Anthologien mit Prosatexten oder Gedichten etwa zum Thema «Blitz und Donner» oder «Der erste Kuss» zusammengestellt hat und ob da eine geradezu monströse Belesenheit am Werk gewesen sei: Nein, da hat jemand ganz simpel eine digitale Bibliothek durchforstet, was immerhin auch mit Arbeit verbunden ist und ganz ohne Kenntnisse nicht geht. Wenn Sie die oben genannte Adresse aufrufen, finden Sie das Verlagsprogramm und können selbst entscheiden, ob es sich für Sie lohnt, die nicht ganz billigen Scheiben anzuschaffen. Sie sind überaus nützlich zum Nachschlagen – richtig lesen kann man am Bildschirm nicht. Übrigens ist die Bibliothek inzwischen auch für Mac-Benutzer geeignet.

Autoren und Werke